Cristología

Verdadero Dios, verdadero hombre

Fundamentos de la fe católica
Serie ministerio pastoral

Rev. Matthias Neuman, O.S.B.

Thomas P. Walters, Ph.D.
Editor de la serie

NATIONAL CONFERENCE FOR
CATECHETICAL LEADERSHIP

LOYOLA PRESS.
UN MINISTERIO JESUITA
Chicago

LOYOLA PRESS.
UN MINISTERIO JESUITA

3441 N. Ashland Avenue
Chicago, Illinois 60657
(800) 621-1008
www.loyolapress.com

Nihil obstat
Reverendo Scott Hebden, S.T.D. (Cand.)
Censor Deputatus
17 de octubre de 2005

Imprimatur
Reverendo George J. Rassas
Vicario General
Arquídiócesis de Chicago
19 de octubre de 2005

El *Nihil Obstat* e *Imprimatur* son declaraciones oficiales de que un libro está libre de errores doctrinales y morales. Aun así, tal afirmación no implica que quienes han concedido el *Nihil Obstat* e *Imprimatur* estén de acuerdo con el contenido, opiniones o declaraciones expresadas.

Publicado originalmente en inglés bajo el título *Christology. True God, True Man*. Traducción al castellano por Carlos Maciel.

Ilustración de portada: Steve Snodgrass. Diseño de portada e ilustraciones interiores: Other Brother Design. Los reconocimientos que aparecen en la página 115 constituyen una continuación de la página de los derechos reservados.

Información catalogada en la Biblioteca del Congreso
Neuman, Matthias.
[Christology. Spanish]
Cristología : verdadero Dios, verdadero hombre / Matthias Neuman.
p. cm. — (Fundamentos de la fe católica)
Includes bibliographical references (p. 112).
ISBN-13: 978-0-8294-2377-8
ISBN-10: 0-8294-2377-X
1. Jesus Christ—Person and offices. 2. Catholic Church—Doctrines. I. Title. II. Series.
BT203.N4818 2006
232'.8—dc22
                         2005032476

Impreso en los Estados Unidos de América.
10 11 12 13 14 Bang 5 4

Cristología

Javier Garrido

Índice

Acerca de la serie

Fundamentos de la fe católica: serie ministerio pastoral ofrece una comprensión profunda y accesible de los fundamentos de la fe católica a los adultos que se preparan para un ministerio laico y a quienes se interesan en su propio crecimiento personal. La serie ayuda a los lectores a explorar la Tradición católica y a aplicar lo aprendido a su propia vida y situaciones ministeriales. Cada título ofrece una introducción confiable a un tema específico y proporciona una comprensión fundamental de los conceptos.

Cada ejemplar de la serie presenta una comprensión católica de sus temas respectivos, tal como se encuentran en la Escritura y en la enseñanza de la Iglesia. Los autores han puesto atención especial a los documentos del Concilio Vaticano II y al *Catecismo de la Iglesia Católica*, de manera que por medio de estas fuentes esenciales puede emprenderse un estudio posterior.

Los capítulos concluyen con preguntas de estudio que pueden usarse en grupos pequeños o en la reflexión personal.

La iniciativa de la National Conference for Catechetical Leadership (NCCL) llevó al desarrollo de la versión anterior de esta serie. La indispensable contribución del editor de la serie, Dr. Thomas Walters, ayudó a asegurar que los conceptos e ideas presentadas aquí fuesen fácilmente accesibles a una mayor audiencia.

Normas para certificación: materiales para el ministerio eclesial

Cada libro en esta serie de teología hace referencia a las normas para certificación identificadas en los documentos que se mencionan más abajo. Tres organizaciones nacionales para el ministerio eclesial han aunado su experiencia profesional para ofrecer en un sólo documento las normas que deberán observarse en la preparación de ministros capacitados para dirigir la catequesis parroquial, la pastoral juvenil y los coordinadores de la pastoral parroquial. Un segundo documento presenta las normas para la certificación de los demás ministros pastorales. Ambos documentos también incluyen las aptitudes personales, teológicas y profesionales que deberán cultivar los que participan en todos los ministerios eclesiales.

Normas Nacionales para Certificación de Ministros Eclesiales Laicos para los Dirigentes de la Catequesis Parroquial, Dirigentes de la Pastoral Juvenil, Asociados Pastorales, Coordinadores de Vida Parroquial. National Conference for Catechetical Leadership, Washington, D.C., 2003.

Normas Nacionales para Certificación de Ministros Pastorales: National Association for Lay Ministry, Inc. (NALM), 2005.

Ambos documentos presentan la amplia gama de conocimientos y aptitudes que exigen los ministerios catequéticos y pastorales de la Iglesia y establecen las pautas necesarias para desarrollar programas de capacitación que incluyan todos los aspectos que las organizaciones responsables de su desarrollo han considerado importantes para esas tareas. Esta Serie para el ministerio pastoral se ofrece como complemento a los ministros pastorales para facilitar el logro de estas metas.

La constatación de que existen objetivos comunes permite identificar un fundamento unificador para quienes preparan líderes para el ministerio. Se pueden obtener copias de este documento llamando directamente a estas organizaciones o visitando sus páginas digitales:

NALM
6896 Laurel St. NW
Washington DC 20012
202-291-4100
202-291-8550 (fax)
nalm@nalm.org/ www.nalm.org

NCCL
125 Michigan Ave. NE
Washington DC 20017
202-884-9753
202-884-9756 (fax)
ccl@nccl.org / www.nccl.org

NFCYM
415 Michigan Ave. NE
Washington DC 20017
202-636-3825
202-526-7544 (fax)
info@nfcym.org / www.nfcym.org

Introducción

La proclamación de cualquier creencia en Jesucristo no será un asunto sencillo en nuestro país. Un visitante que venga a los Estados Unidos de América con poco conocimiento acerca del cristianismo encontrará serías dificultades para imaginarse exactamente quién fue o es Jesucristo. La proliferación de "imágenes de Cristo" en la cultura moderna testimonia la pluralidad de ambientes de la sociedad estadounidense. Católicos, bautistas, y mormones ofrecen imágenes variadas de Jesucristo, así como también los musulmanes y los judíos. Los humanistas, los artistas, los anuncios publicitarios y MTV (canal de música en televisión) expresan imágenes todavía más contrastantes sobre esta figura religiosa.

Entonces, ¿quién es Jesucristo? Es el Dios poderoso en condición humana. Fue un sabio del siglo primero que predicaba el respeto a Dios y el amor al prójimo. Fue una especie de ángel con poderes semidivinos. Fue una persona engañada religiosamente, un simplista que fue aplastado por las autoridades romanas. Todas estas visiones—y otras más—fueron la materia prima de la portada de un artículo del 8 de abril de 1996 aparecida en *U.S. News & World Report*.[1] Todas estas imágenes sobre quién fue o es Cristo, son conocidas por cualquier persona en este país que esté razonablemente bien informada.

Sin embargo, en razón del intenso manejo de los medios en la cultura de la sociedad estadounidense, muchas personas tienen enormes dificultades para diferenciar entre estas imágenes. Se sorprenderían al darse cuenta que solo una es verdadera. De modo frecuente, sus propias visiones son el resultado de una serie de elementos disparatados. Esta confrontación aun puede ocurrir en el caso de las personas educadas en una determinada tradición cristiana. Es probable que hayan visto diferentes imágenes contrastantes en televisión y en las películas, aun antes de comenzar su educación religiosa formal. Este dilema genera notorios desafíos para los ministros de pastoral, quienes no sólo deben transmitir correctamente la enseñanza de la Iglesia católica, sino que también deben lidiar apropiadamente con las miles de imágenes diferentes sobre Jesucristo, y mostrar claramente la diferencia.

Proclamar hoy a Cristo exige una gran variedad de habilidades. El propósito es llevar a las personas a un conocimiento claro de Jesucristo y a una relación devota con él. Los ministros de pastoral ayudan a las personas a mantener una relación personal con el Cristo vivo; lo consiguen al hacer de Jesús el ejemplo y la guía de su vida; y al ayudarles a adorar a Dios vivo por medio de Cristo en el Espíritu.

Conocer a Cristo Jesús

"De esta manera conoceré a Cristo y experimentaré el poder de su resurrección y compartiré sus padecimientos hasta asemejarme a él en su muerte . . ." (Filipenses 3:10). Las palabras de San Pablo afirman la creencia fundamental de la Iglesia cristiana primitiva y de la Iglesia católica en el curso de los siglos. El objetivo de la fe es "conocer a Cristo Jesús", quien permanece en el centro de la fe cristiana–católica. El mismo nombre de "cristiano" significa seguidor de Cristo, discípulo, creyente en el Señor Jesús. Existen otras muchas creencias fundamentales en el cristianismo (la Trinidad, la Iglesia, la salvación), pero todas ellas giran alrededor de Cristo y reciben su significado básico a partir de la fe en Jesucristo.

Esta centralidad de Cristo se muestra de diferentes maneras en toda la tradición cristiana. En el Nuevo Testamento, la Carta a los Efesios declara, ""Bendito sea Dios, Padre de nuestro Señor Jesucristo, que desde lo alto del cielo nos ha bendecido en Cristo con toda clase de bienes espirituales. Él nos eligió en Cristo antes de la creación del mundo para que fuéramos su pueblo y nos mantuviéramos sin mancha en su presencia." (1:3–4).

Esta misma centralidad permea los credos de la Iglesia. El Credo Niceno proclama: "Creo en un solo Señor, Jesucristo, Hijo único de Dios, nacido del Padre antes de todos los siglos . . ." (*Misal Romano*, p. 288). De igual manera en la vida devocional de los cristianos, las imágenes de Jesús sirven para orientar decisivamente la manera en que respondemos a Dios: el Señor crucificado, el Salvador resucitado o el Sagrado Corazón. Finalmente, el *Catecismo de la Iglesia Católica (CIC)* profesa: "Movidos por la gracia del Espíritu Santo y atraídos por el padre nosotros creemos y confesamos a propósito de Jesús: 'Tú eres el Cristo, el Hijo de Dios vivo'. Sobre la roca de esta fe, confesada por San Pedro, Cristo ha construido su Iglesia". (*CIC*, 424). Al paso del tiempo la tradición cristiana-católica desarrolló y expandió la creencia básica en Jesucristo en ciertas convicciones claras. El estudio sobre este conjunto de convicciones interrelacionadas acerca de Jesús se llama *cristología*. La cristología no mira solamente al pasado. Como las demás creencias cristiana-católicas, la cristología crece y se desarrolla, iluminada continuamente por la comprensión creyente. Los seguidores de Jesús en la Iglesia, a la vez que respetan reverentemente las comprensiones anteriores sobre Cristo, buscan una comprensión cada vez más profunda de su misterio y de la relación con su vida. Por tanto, una cristología plena incluye acciones de adoración, devoción y oración a Jesús, a la vez que comprensiones doctrinales.

Aunque este libro se enfocará exclusivamente sobre la enseñanza de la Iglesia Católica acerca de Jesucristo, los lectores no deberán olvidar que esta creencia se entrecruza con otras muchas convicciones religiosas. Algunas de estas convicciones son fundamentales para la fe católica (Dios, Iglesia, pecado, sacramento); otras son de menor relevancia (indulgencias, purgatorio, sacramentales). En síntesis, la fe en Jesucristo también puede estar entrelazada con otras áreas de expresión religiosa, tales como, las estructuras de autoridad de la Iglesia, las costumbres y devociones, o aun con los objetivos personales. Algunas veces, en una institución tan amplia como la Iglesia católica, las cuestiones principales pueden ensombrecerse por intereses periféricos. Así, una dimensión permanente de la conversión cristiana busca un retorno a la centralidad de Jesucristo en nuestra vida diaria. Jesús lo anunció claramente, "El plazo se ha cumplido. El reino de Dios está llegando. Conviértanse y crean en el evangelio" (Marcos 1:15). El desafío permanece en pie; no solo debemos aprender algo acerca de Jesucristo, debemos estar dispuestos a seguirle a donde que quiera que nos guíe.

La tradición cristiana-católica

La comprensión particular de Jesucristo descrita en estas páginas será la de la tradición cristiana-católica tal como se encarna en la Iglesia católica romana. Esta tradición posee una continuidad que llega de alguna manera hasta Jesús y sus primeros discípulos. Esta tradición cristiana combina la fe, el razonamiento y la historia. Todas tienen un papel preciso que jugar para responder a esta pregunta: ¿Quién es este Jesús?

El documento fundamental para la creencia católica en Jesucristo es la Sagrada Escritura; los libros revelados del Antiguo y el Nuevo Testamento. Necesitamos ser muy claros a este propósito: la fe católica en Cristo encuentra su fuente principal en la Biblia, especialmente en los escritos del Nuevo Testamento. Sin embargo, la fe católica en Jesucristo considera los testimonios bíblicos, tal como se encarnaron en el desarrollo de la vida de la comunidad cristiana, la Iglesia. La Iglesia lee y ora a partir de la Sagrada Escritura y extrae su significado desde el ámbito de la historia, la adoración creyente y el pensamiento crítico. A este proceso lo llamamos *Tradición*, y ha desempeñado y continúa desempeñando un papel crucial en la articulación de la creencia cristiana-católica en Jesucristo en el transcurso de los siglos.

La tradición en este sentido describe la vida constante de la comunidad cristiana, guiada por el Espíritu de Dios, que trata de ser fiel a sí misma y al don que le ha sido dado. El Concilio

Vaticano II expresó este sentido de la tradición en *Dei verbum* (*DV*), (*Constitución sobre la divina revelación*).

> Así pues, la predicación apostólica, que está expuesta de un modo especial en los libros inspirados, debía conservarse hasta el fin de los tiempos por una sucesión continua . . . Ahora bien, lo que enseñaron los Apóstoles encierra todo lo necesario para que el pueblo de Dios viva santamente y aumente su fe, y de otra forma la Iglesia, en su doctrina, en su vida y en su culto perpetúa y transmite a todas las generaciones todo lo que ella es y todo lo que cree. (8)

Un segundo sentido, quizás más común de la palabra *tradición*, podría llamarse con más seguridad, *tradiciones*. Estas expresan las formas concretas y específicas como se ha formulado y comunicado la fe de la Iglesia en Jesucristo durante el paso los siglos. En medio de estos instrumentos específicos de la tradición, debe colocarse en primer lugar, la enseñanza autoritativa de los líderes de la Iglesia (el magisterio) y, en particular, las decisiones doctrinales de los concilios ecuménicos y los decretos y enseñanzas autoritativas de los papas. Otros instrumentos importantes de la Tradición incluyen el culto de la Iglesia y los sacramentos, la oración y la veneración de los santos, la catequesis ordinaria en las parroquias, a la vez que la sabiduría teológica ofrecida por los pensadores católicos. Para alcanzar una imagen completa de Jesucristo, tal como la contempla la tradición católica romana, necesitamos examinar la Escritura y la Tradición, la historia y la fe, la teología y la espiritualidad.

Puntos principales de la fe cristiana-católica en Jesucristo

Siete convicciones encierran el corazón de la fe católica en Jesucristo. Cada una es tratada con más detalle en los siguientes capítulos. La siguiente lista es una referencia para un desarrollo posterior.

1. La realidad humana e histórica de Jesús de Nazaret: la cristología católica comienza con una persona que podemos identificar como uno de nosotros: "nacido en cuanto hombre de la descendencia de David" (Romanos 1:3). Jesús de Nazaret nació en la cultura judía del primer siglo, en la porción más oriental del vasto Imperio Romano. Vivió, realizó su misión religiosa, y murió en aquel tiempo.

2. La resurrección de Jesús: Después de la muerte trágica y violenta de Jesús, según lo dicho por sus discípulos, ocurrió algo que nunca antes había ocurrido. Los discípulos creyeron y proclamaron que había sido "resucitado" a una vida gloriosa por el poder del Dios de Israel y que fue exaltado a la unión victoriosa con Dios.

3. La Encarnación. Mientras la Iglesia continuó viviendo y orando según el misterio viviente de Jesucristo como auténtico "Dios con nosotros", llegó a confesarlo como la increíblemente singular presencia de Dios en la tierra. En Jesús, Dios se hizo uno de nosotros, y en Jesús mismo, se reveló la plenitud del misterio de Dios.

4. El propósito de la Encarnación es nuestra salvación: La Iglesia también llegó a creer que la razón de esta increíble acción divina se encuentra puramente en el amor de Dios a toda la humanidad y a toda la creación. Dios desea "que todos los hombres se salven y lleguen al conocimiento de la verdad" (1 Timoteo 2:4). La voluntad de Dios busca realizar este propósito a través de Jesucristo, quien es nuestro mediador perfecto.

5. Jesucristo como la plenitud de la humanidad verdadera: en Jesús, se revela otro factor más: su vida nos sumerge en la plenitud del misterio de nuestra humanidad, nos llama a explorar lo que significa vivir una buena vida humana en el sentido más profundo de la frase. Al mirar la vida de Jesús, aprendemos a llegar a Dios.

6. La presencia actual de Jesucristo en medio de nosotros: los católicos creemos que Jesús no dejó a sus seguidores solos y desamparados en esta tierra. Él continúa fortaleciendo y dando su gracia a quienes creen en él a través de su presencia única y santificadora. Por encima de todo, esta se realiza en los sacramentos, y también de muchas otras maneras.

7. Jesucristo como Señor del futuro: Finalmente, Jesucristo también dirige la creación hacia su verdadero cumplimiento. Cualquier cosa que la fe católica diga acerca de la muerte o el juicio, del cielo o el infierno, no es sino un reflejo hacia el futuro de su creencia en el misterio de Jesucristo.

Estas convicciones forman el corazón de una cristología católica completa. La clave para cualquier proclamación de la fe es el desarrollo de todas estas creencias y la relación que guardan entre sí. Todas unidas forman una cristología que ofrece un sostén sólido para las otras creencias centrales de la tradición católica. Al desarrollar estas siete convicciones, este libro ofrece una explicación más amplia respecto a lo que el afirma el *Directorio General para la Catequesis (DGC)* de la proclamación de Jesucristo.[2]

Para realizar este plan, los capítulos 1 y 2 exploran el núcleo cristológico del Nuevo Testamento. El capítulo 3 detalla la fe de la Iglesia en Cristo desde la era apostólica hasta los grandes concilios ecuménicos de los siglos cuarto y quinto. El capítulo 4 explica cómo las cuestiones clave de la salvación y la redención en Jesucristo continúan siendo redefinidas y profundizadas por la fe de la Iglesia. El capítulo 5 examina la influencia de las diferentes imágenes de Jesús en la espiritualidad católica en el curso de los siglos. El capítulo 6 explora la fe de la Iglesia Católica en la presencia de Cristo que permanece actualmente con nosotros, principalmente en los sacramentos y la oración personal. Y, finalmente, el séptimo capítulo aborda un problema contemporáneo difícil: la relación de Jesús con los salvadores de otras religiones y con las religiones del mundo.

Que estas páginas sirvan como una introducción a la fe de la Iglesia en Jesucristo y promuevan una genuina conversión de los lectores, para que hagan de Jesús uno de los referentes centrales en su vida. La profundidad de la fe de los cristiano aún se mide por esa respuesta cristiana a la pregunta de Jesús: "Y ustedes, ¿quién dicen que soy yo?" (Marcos 8:29).

NOTAS

1 "In Search of Jesus," *U.S. News and World Report,* (8 de abril de 1996).

2 Especialmente "Jesucristo: mediador y plenitud de la Revelación" (40); "El objetivo de la catequesis: comunión con Jesucristo" (80); y "El mensaje cristocéntrico del Evangelio" (98).

El testimonio del Nuevo Testamento

El Nuevo Testamento, en su conjunto, testimonia el misterio de Jesucristo: quién era, qué realizó y cómo continúa consumándose dicho misterio en el mundo y en la vida de las personas. El Nuevo Testamento confiesa a Jesucristo como el que sintetiza toda la historia de las relaciones de Dios con Israel, el que inaugura la Iglesia como la nueva comunidad del pueblo de Dios y quien inicia un capítulo nuevo y definitivo en la alianza de Dios con la creación y la humanidad; el momento definitivo de la revelación y del plan de Dios. La carta a los Colosenses proclama esta creencia: "Él es también la cabeza del cuerpo, que es la Iglesia. Él es el principio de todo, el primogénito de los que triunfan sobre la muerte, y por eso tiene la primacía sobre todas las cosas. Dios, en efecto, tuvo a bien hacer habitar en él toda la plenitud" (1:18–19). El *DGC* sintetiza también esta convicción fundamental: "Jesucristo no es solamente el mayor de los profetas sino que es el Hijo eterno de Dios, hecho hombre. Él es, por tanto, el acontecimiento último hacia el cual convergen todos los acontecimientos de la historia de la salvación [Lucas 24:27]". (40)

Los escritos del Nuevo Testamento, desde el evangelio de Mateo hasta el libro del Apocalipsis, expresan de diferentes maneras la centralidad de Cristo. Sin embargo, la tradición cristiana ha concedido la primacía a los cuatro evangelios como los documentos que de forma más sucinta, testimonian el misterio de Jesús en toda su plenitud.

> Los evangelios que narran la vida de Jesús están en el centro del mensaje catequético. Dotados ellos mismos de una "estructura catequética" [*Catechesi tradende. Sobre la catequesis en nuestro tiempo*, 11b]. Manifiestan la enseñanza que se proponía a las primitivas comunidades cristianas y que transmiten la vida de Jesús, su mensaje y sus acciones salvadoras. En la catequesis, "los cuatro evangelios ocupan un lugar central pues su centro es Cristo Jesús" [*CIC*, 139]. (*DGC*, 98)

Como un método de taquigrafía que sirve para recordar, podemos considerar que los evangelios dan testimonio de Jesús de tres maneras interrelacionadas. Estas maneras corresponden a tres partes estructurales de cada uno de los evangelios. Primero, cada evangelio comienza con una declaración de fe sobre quién es realmente Jesús en su identidad más genuina (desde el relato del bautismo de Marcos hasta los relatos sobre el nacimiento milagroso de Jesús en Mateo y Lucas, y finalmente, el himno a la Palabra eterna en el evangelio de Juan). Segundo, cada evangelio presenta un relato del ministerio y la enseñanza de Jesús, de su misión en su vida adulta siguiendo todo el camino, desde su bautismo hasta su muerte en la cruz. Tercero, cada evangelio proclama la reivindicación última de Jesús por parte de Dios al resucitarlo de la muerte (los relatos de la resurrección). La Encarnación del Verbo, el ministerio y muerte de Jesús de Nazaret, su resurrección, y la convicción siempre presente de que todo esto es "para nuestra salvación", vienen juntos en una mezcla de fe e historia que los creyentes cristianos describen como el "evento de Cristo", el principio, corazón y fin de su fe.

Fe e historia

Hace apenas unas cuántas décadas, escribir una vida de Jesucristo habría sido un esfuerzo realmente reconocido en los círculos católicos. Los cuatro evangelios del Nuevo Testamento ofrecían los relatos básicos y objetivos de testigos oculares. Uno solamente debía reunir estos "hechos" dentro de una narración coherente y completarla con unos datos relevantes de la cultura y la historia de la época y la tarea estaría completa. Las bibliotecas y las estanterías de las parroquias católicas todavía contienen muchas de estas historias.

Por desgracia, la tarea se ha vuelto ahora mucho más difícil. Los evangelios no son considerados como simples relatos históricos objetivos, sino como narraciones complejas de fe que engarzan una gran variedad de expresiones literarias. Éstos pueden incluir testimonios de fe, recomendaciones morales y colecciones históricas. Más aún, el texto definitivo de cada uno de los evangelios es el resultado de un proceso de edición que probablemente se prolongó por varias décadas. Estas nuevas perspectivas dan realmente una mayor profundidad y complejidad de sentido al Evangelio, pero a la vez la interpretación se convierte en una tarea más difícil. El Concilio Vaticano II afirmó esta visión fundamental de todos los escritos bíblicos: "Pues para entender rectamente lo que el autor sagrado quiso afirmar en sus escritos, hay que atender cuidadosamente tanto a las formas nativas usadas de pensar, de hablar o de narrar vigentes en los tiempos del hagiógrafo, como a las que en aquella época solían usarse en el trato mutuo de los hombres" (*DV* 12). Así, al interpretar un pasaje del evangelio hay que descubrir lo que pertenece a la recolección histórica y lo que es testimonio de fe.

Algunas otras cuestiones contemporáneas complican nuestra búsqueda de un esquema para la historia de la vida de Jesús. Primero, como la misma estructura de cada uno de los evangelios supone, los "hechos históricos" de la vida de Jesús deben ser vistos en conexión con otras dos afirmaciones igualmente importantes: quién fue realmente Jesús y qué fue lo que realizó por nosotros. Los evangelistas preservaron aparentemente solo aquellos aspectos de su vida y su obra que se "ajustaban" con esos dos aspectos más importantes. Por ejemplo, amplios períodos de la vida de Jesús, como su adolescencia, juventud y edad adulta, se mencionan escasamente. Lo que realmente importó fue su ministerio adulto, su enseñanza y la entrega definitiva de su vida a favor de Dios; estos tres aspectos se relacionan con la creencia de que Él era el Hijo de Dios que vino "por nosotros y por nuestra salvación".

Un segundo factor que convierte actualmente esta empresa en algo realmente difícil proviene de otros muchos acercamientos contemporáneos a la vida de Jesús. Un acercamiento fundamentalista, por ejemplo, toma todos los datos de los evangelios como hechos históricos y los interpreta literalmente. Cataloga a quienes no concuerdan con su visión como gente que "no es realmente cristiana". Por otro lado, los historiadores críticos y rigurosos que escriben biografías científicas de Jesús omiten cualquier alusión a lo sobrenatural; llenan los huecos con amplías informaciones culturales de aquella época, dando a todo eso una apariencia de gran "veracidad científica". Grupos como el *"Jesus Seminar"* han recibido mucha publicidad por las declaraciones estruendosas sobre "inversiones o cambios escandalosos" de las creencias antiguas y presentan a Jesús con términos que casi invaden las nociones más apreciadas por las personas.[1] Otro grupo contemporáneo está constituido por aquellos que ofrecen "visiones"—como en *The Poem of the Man-God*[2] [El poema del hombre-dios]—los cuales pretenden dar un relato exacto de todas las cosas que Jesús dijo e hizo. Son enseñanzas, dichos y sucesos que no tienen nada que ver con lo que dicen los Evangelios, y sin embargo, reclaman que dichos datos les fueron revelados en visiones y audiciones modernas. Estas pretensiones pueden ser particularmente insidiosas porque se manifiestan como piadosas y devotas. Presentar una vida de Jesús dentro de una cristología católica romana exige marcar claramente líneas de diferencia entre las expresiones más divergentes.

La posición sobre "la fe y la historia" que asumiremos en el presente trabajo será la que recomienda la Comisión Teológica Internacional en su publicación Cuestiones Selectas de Cristología *(CSC)*.

> Jesucristo, que es el objeto de la fe de la Iglesia . . . es un hombre que vivió en un contexto concreto y que murió después de haber llevado su propia existencia dentro de la evolución de la historia. La investigación histórica sobre él es, pues, una exigencia de la fe cristiana . . . . Dentro de los límites de la investigación exegética, es cuestión legítima reconstruir una imagen puramente histórica de Jesús . . . . La identidad sustancial y radical de Jesús en su realidad terrenal con el Cristo glorioso pertenece a la misma esencia del mensaje evangélico. (I. A.1, 1.2, I. B. 2.2)

La historia es un componente (necesario) de la fe católica, pero no es el único componente decisivo. El "Jesús histórico", o lo que podemos conocer acerca de la vida, las actividades y la enseñanza de Jesús sobre bases puramente históricas, debe equilibrarse con las perspectivas de la fe en la tradición viva de la Iglesia.

Cuatro temas forman la estructura de toda cristología: la Encarnación del Verbo; el ministerio y muerte de Jesús de Nazaret; su Resurrección; y la obra salvadora de Cristo. Estos tópicos estructuran el esquema de los capítulos 1–4.

El análisis de estos temas comienza con la resurrección. Cronológicamente, este evento maravilloso y contundente reveló en primer lugar la total aceptación de Dios y la exaltación de Jesús y su ministerio. Esta convicción de fe incitó a los apóstoles a realizar una reflexión más profunda sobre la vida, el ministerio y la muerte de Jesús, a la vez que promovió una reflexión sobre su verdadera identidad.

El misterio de la Resurrección

La muerte de Jesús no puso fin a la historia de su vida ni a su influencia sobre sus seguidores. El sermón de San Pedro, relatado en los Hechos de los Apóstoles afirma, "A este Jesús, Dios lo resucitó, y de ello somos testigos todos nosotros" (2:32). Sin embargo, para los discípulos la resurrección y las subsiguientes apariciones de Jesús inicialmente fueron algo repentino, inesperado y hasta escandaloso: "Estaban comentando lo sucedido, cuando el mismo Jesús se presentó en medio y les dijo: La paz esté con ustedes. Espantados y llenos de miedo creían ver un fantasma" (Lucas 24:36–37). No obstante, en un poderoso acto de fe los discípulos creyeron que Jesús vivía en una forma nueva, transformada y glorificada, resucitado por el poder de Dios y exaltado a la derecha del Padre.

La creencia en la resurrección de Jesús forma la base absoluta de la fe cristiana, tanto en sus inicios como en el desarrollo de su vida. Sin embargo, en este punto debemos ser claros, el término *resurrección* no sólo se refiere a un evento real e histórico sobre

Jesús, sino que también describe una serie profunda y compleja de convicciones creyentes que moldean toda una forma de ver la realidad. La resurrección moldea la manera misma de creer.

En los últimos cincuenta años los estudiosos han ido restableciendo el acontecimiento de la fe en la resurrección al lugar central y legítimo que le corresponde en la fe cristiana. La fe en la resurrección define el origen, el núcleo y el modelo de lo que significa ser cristiano. ¿Qué nos hace ser cristianos? En definitiva, que creemos que Dios resucitó a Jesús de la muerte a la vida y que esa acción creó una nueva visión religiosa y otorgó un nuevo poder divino a toda la creación. "Hay un doble aspecto en el misterio pascual: por su muerte nos libera del pecado, por su Resurrección nos abre el acceso a una nueva vida" (*CIC* 654). Sin embargo, el verdadero poder de la fe en la resurrección, yace no tanto en los sucesos fantásticos que las personas frecuentemente se imaginan. Los relatos de las apariciones, la reacción de las mujeres y los apóstoles, y los diálogos entre Jesús y los demás, son, de hecho, narraciones que encierran convicciones y compromisos muy fuertes. Los relatos de la resurrección son el ejemplo de un relato evangélico que ha sido moldeado para transmitir desde su interior una convicción absoluta.

En su calidad de narración, un relato le imprime a dicha presentación un fuerte tono de urgencia personal, pero las profundas convicciones de fe mantienen un poder mucho mayor. Estas convicciones de fe proclaman que Jesús cumplió por medio de su muerte, un significado recién descubierto de la existencia y de la vida humana, y del designio de Dios para todo el pueblo. Tomados en conjunto, los relatos de la resurrección expresan una visión y una esperanza por la cual los seguidores de Jesús estaban dispuestos a morir. Estas fuertes convicciones de fe emergen en los temas que se desarrollan en los relatos de las apariciones de Jesús a sus seguidores. Los siguientes párrafos sintetizan estos temas.

La resurrección de Jesús da nombre a un acto totalmente nuevo del Dios de Israel. El verdadero énfasis en la resurrección no deberá ponerse en el cuerpo revivificado de Jesús, sino en la acción resucitadora de Dios. El mismo Dios que sacó a los israelitas de Egipto, que les dio la Torá en el Sinaí, y que los condujo desde el exilio, realizó otra acción grande y decisiva, la resurrección de Jesús a la vida glorificada a la derecha de Dios. "Dios, sin embargo, lo resucitó, rompiendo las ataduras de la muerte" (Hechos 2:24). Esta acción de Dios ocurrió como un suceso real en nuestro mundo al final de la vida humana de Jesús, pero a la vez resplandece en el transcurso de todo tiempo y espacio. Una acción completamente inesperada del Dios a quien Jesús llamaba "Padre", obligaría a los discípulos de Jesús a repensar absolutamente todas las cosas acerca de él.

La resurrección afirma que Jesús ahora vive en una nueva forma de existencia enteramente nueva y glorificada. El Jesús que vivió, predicó y murió en Judea es el mismo Jesús que resucitó a la vida por el poder de Dios que alcanza la historia humana. "Acontecimiento histórico demostrable por la señal del sepulcro vacío y por la realidad de los encuentros de los apóstoles con Cristo resucitado, sin embargo no por ello la Resurrección es ajena al centro del misterio de la fe en aquello que trasciende y sobrepasa la historia". (*CIC*, 647)

Jesús ha pasado más allá de nuestro mundo a la misma diestra de Dios. Esta acción divina reivindicó la vida entera y la obra de Jesús. Todo lo que Jesús hizo y enseñó debe reevaluarse por sus seguidores como algo que conduce a la nueva revelación de Dios. Su cruz muestra que una vida santa puede ser susceptible de un gran sufrimiento, y que no obstante, en ese sufrimiento y en esa muerte, se revela una nueva vida para toda la creación.

Esta acción resucitadora de Dios se ha convertido en el inicio de una nueva etapa en la historia humana y en la creación. Aquellos que creen en Jesús serán transformados (cambiados) por el mismo poder de Dios Padre, que lo transformó (elevó) a Él. Los relatos de las apariciones ilustran este tema de numerosas formas. Los seguidores de Jesús fueron vinculados en una comunidad santa, trabajando en miras a la misma transformación resucitada, viviendo como Jesús lo hizo (ver *Lucas* 24:48–49). Los creyentes recibieron el encargo de predicar el evangelio sobre la nueva acción de Dios, de llevar la esperanza de transformación a todas las gentes. "Vayan y hagan discípulos a todos los pueblos . . . ."

(Mateo 28:19). Y la presencia del Espíritu en nuestros corazones realiza la promesa de Dios y nos promete que esta resurrección mayor todavía continúa.

Todos estos puntos pueden sintetizarse en una sola y unitaria convicción de fe en la resurrección, la cual constituye el corazón y el alma del cristianismo. Quien cree en la resurrección está convencido de que Dios realmente actúa en el mundo, y que lo que ocurrió en la resurrección de Jesús fue el primer ejemplo, que esto todavía ocurre donde las personas viven verdaderamente unidas, formando comunidad, donde el Espíritu suscita una visión progresiva sobre el sentido de la vida y donde un acto de servicio amoroso se convierte en un testimonio presente de Dios y de Jesucristo. La acción de Dios acontece de una manera que parece que el acto definitivo de Dios todavía está oculto, y que por tanto, en esta vida encontramos a Dios solamente de manera limitada, "vemos por medio de un espejo y oscuramente" (ver 1 Corintios 13:12). Vivir la resurrección significa buscar siempre oportunidades para acrecentar nuestro amor y esperanza.

Todo el conjunto de acontecimientos (la pasión, muerte, resurrección, ascensión de Cristo y la donación del Espíritu) se designa frecuentemente con el nombre de misterio pascual. Esta celebración importante y grandiosa ocurre durante las fiestas anuales de la Semana Santa y la Pascua, a la vez que constituye el significado central de cada celebración dominical de la Eucaristía. "Jesús resucitó de entre los muertos 'el primer día de la semana' . . . . Para los cristianos vino a ser el primero de todos los días, la primera de todas las fiestas, el día del Señor, el 'domingo'" (*CIC*, 2174).

Creer que Dios ha resucitado a Jesús significa aceptar un "renacer para una esperanza viva" (1 Pedro 1:3). Esta esperanza no solamente mira al futuro distante, afecta también la manera en que comprendemos nuestra realidad humana, como nos relacionamos con los demás y la forma en que vivimos aquí y ahora. Nuestra fe en la resurrección nos exige, fundamentalmente, una esperanza práctica que pueda desafiar las amenazas y la desesperanza de la vida moderna. Los cristianos, como todas las personas, experimentan también las mismas desilusiones y fracasos que produce el ritmo de la vida. Pero también creen en una fuerza religiosa que los ayuda a continuar adelante y en una fortaleza religiosa que los anima a encontrar amor y sentido una y otra vez, hasta que sean alcanzados por el infinito amor de Dios y conducidos tan cercanamente a ese Dios salvador, como sea posible. El desafío actual para los cristianos católicos consiste en afirmar y ejemplificar esta convicción esperanzadora. Necesitamos dejar que nuestra "esperanza viva" resplandezca en nuestro trabajo, en nuestros juegos, en la vida de oración y en las relaciones; en la construcción de comunidades de paz y amor; y en la valoración de todo ser humano como un hijo de Dios, destinado a una vida divina y glorificada.

En síntesis, la resurrección fue y continúa siendo varias cosas a la vez: un acto único de Dios, un evento en la vida de Jesús, y el ejemplo de la experiencia de transformación en el corazón de la fe cristiana. La resurrección permanece como el evento central en el desarrollo de la cristología eclesial. Estimula y continua animando a buscar una visión cada vez más profunda de lo que fue Jesús en la historia de su vida y de lo que es en su realidad más profunda.

La divinidad de Jesús

Cuando los seguidores de Jesús investigaron más profundamente las implicaciones de la resurrección, se hizo evidente que Jesús había sido algo más que un ser humano—más que un ser humano extraordinario—resucitado por Dios; su relación era más próxima a Dios de lo que los discípulos jamás habrían imaginado.

Los comienzos de esta búsqueda creyente de la identidad de Jesús pueden vislumbrarse en los mismos escritos del Nuevo Testamento. Estos iniciaron una búsqueda que no sería concluida sino hasta la formación del Credo Niceno-constantinopolitano, en el Concilio ecuménico de Constantinopla en 381. Este credo profesa claramente, "[Un] solo Señor, Jesucristo, Hijo único de Dios, nacido del Padre antes de todos los siglos . . . . Dios verdadero de Dios verdadero . . . de la misma naturaleza del Padre" (*Misal Romano, p.* 288).

La comunidad cristiana en aquellos primeros años posteriores a la muerte de Jesús luchó tratando de expresar esta afirmación extravagante y casi inconcebible, y para conseguirlo, habría de dedicar varios siglos para alcanzar una formulación satisfactoria. No deberá subestimarse la dificultad de esta tarea. Aún cuando la Iglesia finalmente logró una confesión clara de la divinidad de Jesucristo, existieron desacuerdos, expresiones inapropiadas, y dudas a lo largo del camino. Debe recordarse que los cristianos de origen judío estaban intentando decir algo que nunca antes se había dicho en la tradición judía. Al mismo tiempo, otros cristianos de origen grecorromano estaban tratando de formular la misma creencia de una manera que separara claramente la fe cristiana de los tradicionales mitos griegos y romanos. (En la actualidad esto podría ayudar a las personas a ser más comprensivas con los esfuerzos que buscan expresar la misma fe en la cultura del siglo XXI). Ahora tendremos que mostrar brevemente cómo fueron los comienzos de ese esfuerzo, tal como se reflejan en el Nuevo Testamento. El capítulo 3 abordará el asunto en los siglos posteriores a la Iglesia primitiva.

Algunos escritos del Nuevo Testamento muestran claramente cómo ya consideraban a Jesucristo en una manera que superaba ampliamente cualquier modelo conocido en el judaísmo antiguo (por ejemplo, profeta, rey o Mesías). Consideremos lo que dice la carta a los Colosenses:

> *Cristo es la imagen del Dios invisible, el primogénito de toda criatura, porque en él fueron creadas todas las cosas, las del cielo y las de la tierra, las visibles y las invisibles: tronos, dominaciones, poderes, potestades, todo lo ha creado Dios por él y para él. Cristo existe antes que todas las cosas y todas tienen en él su consistencia. Él es también la cabeza del cuerpo, que es la Iglesia. Él es el principio de todo, el primogénito de los que triunfan sobre la muerte, y por eso tiene la primacía sobre todas las cosas. Dios,*

en efecto, tuvo a bien hacer habitar en él toda la plenitud, y por medio de él reconciliar consigo todas las cosas, tanto las de la tierra como las del cielo, trayendo la paz por medio de su sangre derramada en la cruz. (1:15–20)

En este pasaje y en otros parecidos, Jesús posee características divinas y realiza acciones que tradicionalmente se reservaban solamente para Dios (creación, perdón de los pecados). Hay que recordar que el lenguaje divino era usado de manera más libre en el Imperio Romano del primer siglo que en nuestro mundo actual. El uso de tal lenguaje hace difícil interpretar con precisión muchos pasajes. No obstante, podemos vislumbrar las diferentes maneras en que los seguidores de Jesús trataban de creer en él en una vinculación cada vez más estrecha con el mismo misterio de Dios.

La primera forma de manifestar la divinidad de Jesús fue otorgándole varios títulos, tales como Hijo de Dios, Verbo encarnado o Señor. Los escritores del Nuevo Testamento los usaron de forma abundante. Un título adecuado transmite una indicación sobre la identidad de la persona y sobre la posición que la persona posee en relación a los demás. Un estudio de los títulos dados a Jesús en el Nuevo Testamento descubre una rica mina de pensamiento cristológico.

Por ejemplo, el título "Hijo de Dios", se cuenta entre los títulos más significativos que se dan a Jesús a lo largo de todo el Nuevo Testamento. Aún cuando en algunos pasajes no implique la afirmación de su divinidad, otros textos transmiten decisivamente un sentido único de la divinidad de Jesús. Después de la resurrección, los seguidores de Jesús se habrían movido claramente en esa dirección. El principio mismo del evangelio de Marcos lo afirma, "Comienzo de la buena noticia de Jesús, Mesías, Hijo de Dios" (1:1). Y una vez más, al final del evangelio, el centurión proclama, "Verdaderamente este hombre era Hijo de Dios" (15:39). Al principio del evangelio de Lucas el ángel anuncia a María, "por eso el que va a nacer será santo y se llamará Hijo de Dios" (1:35). La noción clave de la filiación de

Jesús describe su relación con Dios como totalmente diferente de la de cualquier otro ser humano. Su filiación no le fue dada u otorgada, sino que fluía del mismo núcleo de su ser, una divina relación filial.

Otro título popular y decisivo que fue dado a Jesús fue el de "Señor" (*Kyrios* en griego). Este título también atestiguó una creencia creciente de que la divinidad estaba presente en Jesús. Al igual que el título "Hijo de Dios", "Señor" podía significar varias cosas. Podía ser un simple título para saludar a alguien; podía referirse a alguien que es exaltado enormemente; y podía también tener el significado específico de divinidad. Un claro ejemplo de esto ocurre en el famoso himno de la carta a los filipenses.

> *Por eso Dios lo exaltó*
> *y le dio el nombre*
> *que está por encima de todo nombre,*
> *para que ante el nombre de Jesús*
> *se doble toda rodilla en los cielos,*
> *en la tierra y en los abismos,*
> *y toda lengua proclame*
> *que Jesucristo es Señor,*
> *para gloria de Dios Padre.*

(2:9–11)

Otro pasaje aparece en la primera carta de Pablo a los corintios. "Sin embargo, para nosotros no hay más que un Dios: el Padre de quien proceden todas las cosas y para quien nosotros existimos; y un Señor, Jesucristo, por quien han sido creadas todas las cosas y por quien también nosotros existimos" (8:6). Pablo ha tomado la confesión clásica de un Dios (ver Deuteronomio 6: 4–5) y ha entrelazado a Jesucristo en dicha confesión, dándole el título de "Señor", el cual usualmente se refería al único Dios de Israel. Una vez más, llamar a Jesús "Señor," establece una conexión con la divinidad, haciendo que Jesús comparta el dominio de Dios sobre todas las cosas.

Puede resultar valioso que digamos una palabra sobre el título "Cristo". Originalmente, fue un título adecuado que se otorgó a Jesús para indicar que él era el "ungido", que liberaría a

Israel de todos los opresores extranjeros. Sin embargo, parece que rápidamente se consideró inadecuado para expresar todo lo que los seguidores de Jesús querían afirmar acerca de él. Así gradualmente se convirtió en una parte de su nombre común: Jesucristo.

Una segunda forma como los primeros cristianos expresaron su fe en la divinidad de Jesús resucitado fue asignándole las acciones propias que previamente habían sido atribuidas solamente a Dios. Éstas incluían el conocimiento y la revelación de Dios, la modificación de la ley divina, el perdón de los pecados, la reconciliación del pueblo con Dios, y el ser el agente del reino definitivo de Dios. Los pasajes de la carta a los Colosenses (1:15–20) citados con anterioridad y 1 Corintios (8:6) ven claramente a Jesús como el agente de la creación, como el poder que sostiene en existencia todas las cosas, como la plenitud de la presencia de Dios sobre la tierra, y como el reconciliador entre Dios y la raza humana.

Además, a Jesús se le atribuyeron posteriormente las antiguas prerrogativas de Dios, asignándole a Jesús resucitado la realización del "día del Señor". Esta frase significaba la creencia de los antiguos profetas de Israel de que en el futuro vendría un tiempo cuando Dios intervendría decisivamente en el mundo. Esta intervención juzgaría a los malvados, restablecería al pueblo de Israel en la tierra y manifestaría la gloria de Dios en una relampagueante victoria final. Los escritores del Nuevo Testamento consideraron a Jesús resucitado como el que consumaría plenamente todas las cosas. "Él también los mantendrá firmes hasta el fin, para que nadie tenga que acusarlos en el día de nuestro Señor Jesucristo" (1 Corintios 1:8).

En realidad, algunos cristianos durante el período del Nuevo Testamento (cerca de los años 30–100) estaban considerando de forma muy real a Jesucristo como un ser divino o como alguien semejante a Dios. Tal vez sus afirmaciones no tienen la claridad técnica de las posteriores declaraciones conciliares, pero representan un paso decisivo en esa dirección. Al final del período del Nuevo Testamento, al parecer, Jesús es presentado, al menos ocasionalmente, como "Dios". Vemos tal atribución en el primer capítulo del evangelio de Juan, escrito probablemente hacia el final del siglo primero: "Al principio ya existía la Palabra. La

Palabra estaba junto a Dios, y la Palabra era Dios" (1:1). Al final del mismo evangelio, el apóstol Tomás se dirige directamente a Jesús resucitado, "¡Señor mío y Dios mío!" (20:28).

Cuando los cristianos llevaron su creencia hacia una confesión cada vez más profunda de la divinidad de Jesús, comenzaron a aparecer dos convicciones relacionadas. Primero, confesar a Jesús como Dios, exigía una ampliación de la noción tradicional del único Dios. De esa idea, la relación entre Jesús y Dios se convirtió en la relación Hijo y Padre (y más tarde el Espíritu) como un único Dios. La cristología conduce directamente hacia la Trinidad. La Comisión Teológica Internacional en su documento titulado *Teología, cristología, Antropología (TCA)*, vuelve explícito este punto. "El teísmo cristiano consiste propiamente en el Dios trinitario, y éste solo nos es conocido en Jesucristo por revelación . . . el conocimiento de Jesucristo lleva al conocimiento de la Trinidad y alcanza su plenitud en el conocimiento de la Trinidad" (I. B.1.1). Sin embargo, tomará tiempo —siglos— para que las implicaciones plenas sean entendidas.

La segunda creencia afirma que de una manera muy real Jesucristo fue una nueva revelación de Dios. En la medida que los seres humanos pueden conocer a Dios, para los cristianos católicos el contexto de ese conocimiento se obtiene no tanto de la cultura o de supuestas ideas de Dios, sino a partir de la vida concreta de Jesús de Nazaret. Cualquiera que haya sido la idea inicial sobre la justicia, la ira o el castigo de Dios, deberá reevaluarse a la luz de lo que conocemos y creemos acerca de Jesús. En su servicio, amor y compasión —en su humanidad total— Jesús nos revela la plenitud del rostro de Dios tal como lo podemos conocer.

De esa humanidad nos ocuparemos en seguida.

Notas

1 "In Search of Jesus", *U.S. News and World Report* (8 de abril de 2005).

2 Maria Valtorta, *The Poem of the Man-God* (Isola dell' Liri, Italy: Centro Ed. Valtortiana, 1986).

Resumen

El Nuevo Testamento produce el testimonio primero y principal del misterio de Jesucristo. Los Evangelios son las fuentes primarias para nuestro conocimiento de Jesucristo así como la afirmación de la fe de la Iglesia en Él. Al conocer los evangelios, la cristología católica reconoce la importancia de que se fusione la fe y la historia. Estos mismos factores interactúan para clarificar y expresar la fe de la Iglesia en Jesucristo. La humanidad de Jesús es conocida y estudiada por la historia; su resurrección, divinidad y obra salvadora son confesadas por la fe. La resurrección de Jesús hizo que sus discípulos vieran su ministerio terrestre de una forma nueva; su relación con Dios era más cercana que lo que jamás habían imaginado. La resurrección de Jesús y la lucha de sus discípulos por expresar también esa fe, dio una forma única al mensaje que proclamarían a los demás. En Jesús, Dios actuó de forma nueva para crear una nueva relación entre Dios y la humanidad.

Para reflexionar

1. ¿De qué manera diferiría una valoración cristiana-católica de los evangelios de la de un cristiano fundamentalista?

2. ¿Por qué fue difícil aun para los primeros cristianos imaginar la divinidad de Jesús? ¿Podrían esas dificultades ser un problema para las personas de nuestro tiempo?

3. Menciona algunas maneras prácticas en que podría expresarse la esperanza viva de la resurrección en las circunstancias de la vida real actual

Capítulo 2

Buscando la historia de la vida de Jesús

*L*a fe cristiana-católica cree en la plena humanidad de Jesucristo. Aún cuando algunos católicos de nuestro tiempo tengan la tendencia a pensar en Jesús como el Hijo de Dios, o simplemente como Dios, la tradición católica reconoce la importancia actual de la vida humana de Jesús para la fe y la teología. El *Credo de los Apóstoles* subraya una trayectoria de vida sencilla: "Nacido de santa María Virgen, padeció bajo el poder de Poncio Pilato, fue crucificado, muerto y sepultado". Todos compartimos este itinerario humano: nacemos, sufrimos, morimos.

Sin embargo, una vida humana plena, abarca mucho más que esto, y muchos creyentes desean conocer a un Jesús más personal. Quieren conocerlo como un judío concreto en un ambiente judío concreto, un ser humano real que vivió en un lugar específico, en un tiempo y en una cultura determinada. *Gaudium et spes (GS), "Constitución pastoral sobre la Iglesia en el mundo actual"* del Concilio Vaticano II reconoce hermosamente ese deseo. "El Hijo de Dios con su encarnación se ha unido, en cierto modo, con todo hombre. Trabajó con manos de hombre, pensó con inteligencia de hombre, obró con voluntad de hombre, amó con corazón de hombre" (22).

En realidad, toda cristología católica auténtica enfatiza y medita en ciertos aspectos de la humanidad de Jesús como parte de todo el misterio de Cristo. Las expresiones de devoción popular fácilmente pueden desviarse del camino, si no se verifican continuamente con la vida del Jesús histórico. La reflexión sobre la existencia humana de Jesús constituye para nosotros la base de una fe activa y profunda. La carta a los Hebreos no duda en llamar a Jesús el "autor y perfeccionador de la fe" (12:2). Al llegar a conocer la humanidad de Jesús, descubrimos el valor pleno de una vida humana (y de nuestra vida) y de un amor (y del amor en nuestra vida), del valor de una vocación (y del llamado de cada uno de nosotros). No olvidamos la divinidad de Jesús, sino que aprovechamos su humanidad como un trampolín para realizar ese acto de fe en el misterio de su ser Emmanuel (Dios-con-nosotros). Algunas veces tenemos que conocer a Jesucristo igual que lo hicieron sus primeros discípulos y apóstoles: al conocerlo primero como maestro y señor, en seguida, como el poder de Dios que obra en él y, finalmente, como el mismo misterio de Dios encarnado. Ocupémonos ahora de considerar lo que conocemos sobre la vida de este individuo sobresaliente.

El capítulo anterior dejó en claro que los cuatro evangelios del Nuevo Testamento son la fuente principal de nuestro conocimiento actual sobre la vida de Jesús. Fuera del Nuevo Testamento y de los demás libros del mundo antiguo, pueden encontrarse unos pocos retazos, pero no ofrecen alguna ampliación significativa. Regresaremos una y otra vez a estos cuatro escritos. Nuestra primera tarea será conocer exactamente qué clase de escritos son los evangelios, tal conocimiento nos proporcionará algunas pistas sobre la clase de información que esperaremos encontrar en estos Evangelios. (En este punto será útil para los lectores revisar el capítulo 3 de la *DV*.)

No debemos suponer que un "evangelio" es una biografía en el sentido moderno del término, como una presentación objetiva y rigurosa. Más bien, los evangelios son "buenas noticias", que presentan la vida y la misión de Jesús para inspirar y alimentar nuestra fe en Él. Más aún, esa vida y misión son incrementadas a la luz de lo que Dios hizo en su favor (la resurrección) y de lo que él era (el Hijo de Dios). Frecuentemente en las narraciones evangélicas estos dos últimos puntos son proyectados retrospectivamente a la hora de recordar los dichos y hechos de Jesús. De esta manera, la lectura de un evangelio tiene cierto parecido con la contemplación de una fotografía compuesta a partir de tres imágenes expuestas de forma simultánea; implica cierto esfuerzo separar lo que pertenece al ministerio histórico de Jesús, de la proclamación de la resurrección y de lo que se atribuye a su verdadera identidad. Los biblistas actuales deben enfrentar esta tarea. La Iglesia Católica acepta este desafío. La Comisión Teológica Internacional de la Iglesia Católica lo reconoce claramente: "Jesucristo, que es el objeto de la fe de la Iglesia . . . es un hombre que vivió en un contexto concreto y que murió después de haber llevado su propia existencia dentro de la evolución de la historia… la investigación histórica sobre Él es, pues, una exigencia de la fe cristiana" (*CSC,* 1).

En síntesis, los Evangelios probablemente pasaron por varias etapas de desarrollo. Primero, existieron algunas personas que recordaban algunas palabras y hechos de la vida humana de Jesús. En segundo lugar, viene la formulación y desarrollo de estos relatos tal como los recordaban las primeras comunidades cristianas. Estas personas aplicaron dichos relatos a su propia situación y época e incluyeron tales visiones en el relato original de Jesús, porque creían que él todavía estaba presente guiándoles como el Señor resucitado. Finalmente, un único escritor reunió estas narraciones comunitarias y las acomodó en el texto final del evangelio que conocemos actualmente.

Este triple desarrollo ha sido afirmado por la Pontifica Comisión Bíblica de la Iglesia Católica. "El exégeta, para afirmar la seguridad de lo que los Evangelios nos refieren, atienda diligentemente a los tres estadios por medio de los cuales la enseñanza y la vida de Jesús llegaron hasta nosotros". ("*Sancta Mater Ecclesia*," como lo cita el *Enchiridium Biblicum. Documenti della Chiesa sulla Sacra Scrittura,* Bologna. Dehoniane, 1993, 682).

Las narraciones sobre el nacimiento de Jesús (los relatos de la infancia) son una sección importante de los evangelios que está afectada por esta nueva perspectiva. En el estilo de escribir propio de ese tiempo, estas narraciones afirmaban claramente "quién era Jesús" por medio de comparaciones que habrían sido rápidamente comprensibles para la gente del primer siglo. En su libro titulado *El nacimiento del Mesías. Comentario a los relatos de la Infancia,* el biblista Raymond Brown sintetiza:

> Un análisis atento de los relatos de la infancia demuestra la improbabilidad de que uno de ellos [Mateo o Lucas] sea totalmente histórico . . . pero el común afán de inspirarse tan de cerca en la Escritura sugiere que para los dos evangelistas el relato de la infancia intentaba facilitar el paso del AT al evangelio: se trata de la predicación cristológica de la Iglesia presentada con las figuras y símbolos de Israel (p. 31).

Esto no significa que estas historias no deban leerse y apreciarse en el tiempo de Navidad; tendrán que serlo. El punto crucial que hay que recordar es que su principal contribución gira alrededor de la identidad verdadera de Jesús y no tanto en ofrecer un relato sencillo de los acontecimientos de su nacimiento.

Finalmente, la historia de la vida de Jesús solamente podrá identificar bocetos o anécdotas de su vida adulta, pero de ninguna manera ofrecerá un acercamiento completo de la historia de su vida. "No puede, pues, componerse una 'biografía' de Jesús en el sentido moderno de la expresión, entendiéndose por tal, un relato preciso y detallado" (*CSC*, I.A. 1.1.).

La visión de la vida y el ministerio de Jesús que nos esforzaremos en delinear desde los evangelios será solamente una serie de tópicos y eventos que pueden identificarse usando los criterios de la estricta investigación histórica contemporánea. Aunque solamente emerge un retrato parcial, no obstante, éste tiene un inmenso valor. Aún cuando la resurrección culmina la vida y el ministerio de Jesús, y por consiguiente, conduce a una confesión de su relación única con Dios, no debemos olvidar que todo esto nos conduce a: la vida, el ministerio y la muerte de un individuo concreto, Jesús de Nazaret. La realidad humana e histórica de Jesucristo forma parte esencial de una cristología católica romana integral.

Los acontecimientos principales de la vida de Jesús

Como un preludio a una comprensión más profunda de Jesús en su ambiente vital, será apropiado hacer algunas lecturas sobre el judaísmo de la época. El conocimiento de la cultura religiosa del judaísmo del primer siglo favorece una comprensión de la historia de la vida de Jesús. "Jesús compartió, durante la mayor parte de su vida, la condición de la inmensa mayoría de los hombres: una vida cotidiana sin aparente importancia, vida de trabajo manual, vida religiosa judía sometida a la ley de Dios, vida en la comunidad" (*CIC*, 531).

Aun cuando el examen general de este asunto está más allá de nuestro objetivo actual, no obstante, los creyentes responsables no deberán descuidarlo.

El Bautismo

Aunque se tiene poca información sobre la vida de Jesús antes de que fuera bautizado por Juan en el Jordán, este evento sigue siendo uno de los hechos históricos de la tradición cristiana más antigua del que hay más certeza. Todos los evangelios presentan el Bautismo como el inicio de su ministerio público (su propio ministerio). Al recibir el bautismo de Juan, aceptó un llamado de Dios para convertirse en el proclamador de un mensaje divino, un predicador itinerante en Israel, que se movía de un pueblo a otro proclamando la renovación espiritual y la purificación de Israel. Él no estaba solo en la realización de esa tarea; conocemos por otros documentos de la época que, muchos maestros itinerantes asumían una misión similar.

Los relatos del Bautismo de Jesús también nos dicen algo sobre la conciencia de su relación única con el Dios de Israel. Esto se transmite en la tradición por medio de la voz de Dios: "Tú eres mi Hijo amado, en ti me complazco" (Marcos 1:11). Aquí se conserva un momento clave de la conciencia filial que Jesús tenía sobre su relación única y especial con el Dios de Israel. Tal vez, de forma oculta, en este relato está una amonestación a aceptar la tarea (vocación) de siervo sufriente de Isaías (ver Isaías 42:1), de compartir y prefigurar el destino de todo el pueblo. Las afirmaciones de fe de las sucesivas generaciones cristianas también abundan en estos relatos, pero el núcleo del hecho histórico actual tiene aquí su base.

Las tentaciones

Los relatos de las tentaciones demuestran de manera particular la plena humanidad de Jesús. No sólo fueron una demostración de poder para manifestar su divinidad. Más bien, los Evangelios los ven como tentaciones reales contra las que tuvo que luchar.

Se refieren a batallas reales de la voluntad contra los desafíos a la vocación escogida por Jesús. Los relatos de los evangelios colocan las tentaciones inmediatamente después de que Jesús aceptara su misión (en el Bautismo), pero parece más probable considerarlos como relatos compactos que sintetizan algo que Jesús tuvo que enfrentar a lo largo de toda su vida. El pasaje que dice, "cuando terminó de poner a prueba a Jesús, el diablo se alejó de él hasta el momento oportuno" (Lucas 4:13) lo sugiere ampliamente. Los biblistas se preguntan acerca del contenido exacto de las tentaciones y alternativas que Jesús enfrentó. Puesto que los escritores de los Evangelios presentaron las tentaciones de Jesús en paralelo con las grandes tentaciones del pueblo de Israel, esta cuestión no puede abordarse de manera sencilla. Los relatos de la tentación, tal como ahora los tenemos, se concibieron para mostrar el cumplimiento de la historia de Israel en la vida de Jesús. La tentación que se le presenta a Jesús para que convierta las piedras en pan, recuerda el reclamo del pueblo que exigía pan en el desierto (ver Éxodo 16); la tentación que lo desafía a arrojarse desde lo alto del templo, confiándose en el auxilio de los ángeles, evoca el rechazo de las responsabilidades de la alianza y la dependencia de una confianza poco realista en Dios (ver Éxodo 19); la tentación que habla de postrarse y adorar a Satanás se asemeja a la adoración del becerro de oro (ver Éxodo 32).

Los relatos de las tentaciones, más allá de su contenido exacto, afirman la lucha real que Jesús sostuvo para vivir su vocación elegida. Israel sucumbió en el desierto a tales tentaciones, pero Jesús permaneció firme hasta el final.

PROCLAMANDO EL REINO DE DIOS

Uno de los temas que dominan la vida humana de Jesús y de su ministerio al pueblo de Israel es su proclamación del Reino de Dios. El resumen de todo su mensaje, dado por los evangelistas al comienzo del ministerio público de Jesús, lo afirma audazmente: "El plazo se ha cumplido. El Reino de Dios está llegando. Conviértanse y crean en el evangelio" (Marcos 1:14; ver Mateo 4:12–17 y Lucas 4:14–15). Proclamar el reino de Dios fue una misión central en la vida de Jesús, el cual se convirtió en un maestro poderoso de ese reino. Sus parábolas, milagros y gestos simbólicos apuntan hacia la comprensión y realización del Reino de Dios. En ocasiones tanto los seguidores como los adversarios lo llamaron "maestro" o "rabí", una forma de dirigirse a él, que indicaba que había asumido la tarea de predicar la renovación espiritual y que había sido aprobado por Dios y por el pueblo.

¿Qué significa exactamente la frase "Reino de Dios"? (También llamado "Reino de los cielos"). Los exégetas frecuentemente la describen como una frase judía comúnmente usada para designar el papel activo de Dios en la vida del pueblo. El "Reino" de Dios se realiza donde y cuando el amor, la justicia, la comunión y la paz de Dios, dominan realmente los pensamientos y las acciones del pueblo. Jesús intenta que eso comience a ser realidad en ese momento preciso.

El término "Reino" no denota primariamente un lugar, sino una acción o un acontecimiento que le sucede a un pueblo. "El Reino" funciona como un símbolo del gobierno que Dios ejerce sobre el mismo pueblo y del pueblo que libremente le responde. Debemos considerar el reino de Dios más como una acción dinámica que como un conjunto de realidades fijas de cualquier clase. En medio de la amplia gama de esperanzas y concepciones judías del primer siglo, sobre la manera y el lugar donde uno encuentra a Dios, Jesús proclamó su enseñanza sobre el reino: la experiencia de Dios ocurre ahora en la vida de una persona, "El plazo se ha cumplido". El poder transformador de Dios está presente aquí y ahora. La experiencia de Dios acontece a la gente ordinaria en las circunstancias cotidianas de su vida.

EN PARÁBOLAS

Un aspecto clave del ministerio de Jesús fue su proclamación del reino en parábolas. "Con muchas parábolas como éstas Jesús les anunciaba el mensaje, adaptándose a su capacidad de entender. No les decía nada sin parábolas. A sus propios discípulos, sin embargo, les explicaba todo en privado" (Marcos 4:33–34).

Es común que sólo pongamos atención a lo que Jesús dijo, pero igualmente importante es saber cómo lo dijo. Las parábolas constituyen un estilo de enseñanza muy común en el mundo judío del primer siglo que usaban frecuentemente para plantear un asunto de cierta manera. En el presente, las parábolas son algo distante de nuestro mundo. Sin embargo, deberemos tener una comprensión clara de la manera en que funcionaban las parábolas, si es que realmente queremos asimilar uno de los aspectos más profundos de la vida y el ministerio de Jesús.

En los últimos veinte años se ha puesto una atención particular al estudio científico de las parábolas de Jesús y a la naturaleza de las parábolas en general. Las parábolas funcionan como metáforas poéticas. Algunas metáforas funcionan como ilustraciones directas: "me sentía como un toro furioso". La mayoría de las personas se sienten familiarizadas con estas metáforas y las utilizan con mucha frecuencia. Sin embargo otro tipo de metáforas funcionan como "narraciones participativas" y pueden ser poco familiares a los oyentes contemporáneos. En estas metáforas participativas, una inversión repentina de la imagen o del significado inicial (sobresalta) a los oyentes en un nuevo modo de mirar todas las cosas. Al hacer esto, los oyentes quedan expuestos a un "mundo diferente".

Las parábolas como metáforas participativas evocan una realidad nueva que se introduce en las percepciones usuales y ordinarias. Imágenes como una "belleza terrible" o un "amor que duele" desafían a las personas para que adquieran una forma nueva y compleja de ver el mundo. Algunas veces una narración participativa puede sacudir a las personas que escuchan la experiencia desde dentro, un movimiento que suscita sentimientos que rara vez las personas asociarían entre sí.

Las parábolas de Jesús son como poesías grandiosas. Ellas comienzan con una experiencia humana común —que todo el mundo supone como verdadera— y enseguida dichos presupuestos saltan por los aires. Se desafía a los oyentes a buscar un modo nuevo de percibir las cosas; este es el dinamismo de una parábola. Las parábolas de Jesús sacudieron muchas visiones comúnmente aceptadas por el mundo judío del primer siglo acerca de Dios y de las relaciones de Dios con su pueblo. Las parábolas de Jesús todavía pueden sorprender a los oyentes modernos a la hora de percibir y aceptar el Reino de Dios en su vida.

Por ejemplo, las parábolas de Jesús entraron en la discusión —algo frecuente y apasionado en su época— sobre "dónde" encuentra uno a Dios. A aquellos que decían que Dios vendría en el futuro, Jesús les decía, "Fíjense en el ejemplo de la higuera. . . ." (Marcos 13:28). A quienes sostenían que Dios trascendía todas las cosas y que debía ser adorado solo en lo más alto del cielo, Jesús les replicaba, "Sucede con el reino de Dios lo mismo que con el grano que un hombre echa en la tierra" (Marcos 4:26); "Sucede con el reino de los cielos lo mismo que con la levadura que una mujer toma y mete en tres medidas de harina". (Mateo 13:33)

La parábola solo se relata; los oyentes deben captar su significado velado. Consideren una parábola que aún incomoda a muchas personas: el relato del propietario de una viña que contrató trabajadores en la hora tercia, sexta, nona y undécima (ver Mateo 20:1–16). Quienes habían trabajado durante más tiempo esperaban más y se escandalizaron cuando todos recibieron el mismo pago. Los oyentes de Jesús tenían que luchar con la noción de que la misericordia y la justicia divinas, operan de manera diferente a los criterios humanos de justicia y misericordia.

SU MINISTERIO CURATIVO

Para los escritores de los Evangelios, una de las actividades principales de Jesús fue su ministerio curativo. Los escritores contaron hechos maravillosos que ocurrieron durante toda su vida: curación de enfermos, expulsión de demonios, retorno de los muertos a la vida, y hasta demostraciones de poder sobre las fuerzas de la naturaleza. Jesús vinculó específicamente estos hechos curativos, especialmente la expulsión de demonios, con su proclamación del Reino de Dios. "Pero si yo expulso los demonios con el poder del Espíritu de Dios, es que ha llegado a ustedes el reino de Dios" (Mateo 12:28).

Mientras que muchos científicos modernos no aceptan la veracidad histórica de algunos milagros de Jesús –en particular los milagros sobre la naturaleza– prácticamente todos están de acuerdo en que Jesús sanó públicamente de muchas enfermedades y que curó en una forma que sus contemporáneos consideraban sobresaliente. Jesús vinculó la fuente de estas acciones curativas a su enseñanza sobre la presencia y el poder de Dios en la vida humana. Una curación es un signo de que la presencia y el poder de Dios está presente y operante.

Las curaciones en el ministerio de Jesús anunciaban que la salvación de Dios se extendía a toda la persona, incluyendo el cuerpo y el espíritu. Todas las dimensiones de nuestra vida necesitan ser sanadas. Las curaciones requieren la fe de quien es curado o también la fe de la familia o los amigos. En esto Jesús se separó de otros obradores de milagros en la tradición griega o judía. En el caso de la mujer con hemorragias escuchamos, "Hija, tu fe te ha salvado" (Marcos 5:34), en el caso del ciego de Jericó escuchamos, "Vete, tu fe te ha salvado" (Marcos 10:52). Son a la vez narraciones sobre la fe y relatos de curación.

Las curaciones de los Evangelios transmiten otro aspecto notable de la vida de Jesús: su compasión. El sufrimiento y la enfermedad humana afectaban profundamente a Jesús: lloró cuando la muerte de Lázaro; también se sintió profundamente conmovido por la viuda de Naím. Esta compasión mostrada por Jesús manifestaba que la misma compasión de Dios fluía a través de Él a la vida de las personas. Practicar la compasión es todavía una de las mayores curaciones; aun en la época actual con el conocimiento psicológico, Jesús nos muestra que cualquier compasión verdadera refleja el corazón de Dios.

LOS DISCÍPULOS

La tradición evangélica afirma unánimemente que Jesús reunió un grupo de discípulos a su alrededor. Los discípulos eran distintos de los simpatizantes que seguían y aceptaban su enseñanza. Una costumbre común de la cultura judía del tiempo de Jesús mostraba que un maestro reunía pupilos y seguidores, pero los llamados de

Jesús muestran ciertas diferencias características. Los maestros judíos aceptaban a los discípulos que venían a buscarles, sin embargo, Jesús llamaba directa y personalmente a sus discípulos. Por ejemplo, "Pasando Jesús junto al lago de Galilea, vio a Simón y a su hermano Andrés que estaban echando las redes en el lago, pues eran pescadores. Jesús les dijo: 'Vengan conmigo y los haré pescadores de hombres'" (Marcos 1:16–17). Además, Jesús exigía una respuesta completa e inmediata de quien era llamado. Los que querían ser discípulos debían entrar en una relación total con Jesús; la única respuesta podía ser unirse de todo corazón a él en su misión, la cual significaba abandonar muchas cosas. "Otro de sus discípulos le dijo. Señor, deja primero que vaya a enterrar a mi padre. Jesús le dijo: Sígueme y deja que los muertos entierren a sus muertos". (Mateo 8:21–22)

El llamado de Jesús transmitía un sello nuevo y un significado profundamente radical a la vida de la persona. El ser discípulo implicaba un seguimiento de por vida, e incluía el sufrimiento (ver Mateo 10:34; Lucas 9:59–62 y 14:26). Los discípulos de Jesús compartirían su propio trabajo, al convertirse en pescadores de hombres y mujeres, al ayudar a las personas a que descubrieran, respondieran y amaran la presencia transformadora de Dios en su vida. Jesús buscó deliberadamente formar un grupo pequeño, que se constituyera en una fuerza que continuara propagando su misión de proclamar el Reino de Dios. El propósito básico del grupo sería continuar la obra de Jesús, de enseñar y atender la experiencia de Dios en la vida del pueblo, lo cual los podría introducir en una realización progresiva y en una relación de vida permanente con el Padre celestial. Ese tipo de relación traería paz y esperanza a los seguidores, lo cual daría sentido y aliento en medio de las luchas de la vida diaria (ver Mateo 10:9–13). Jesús confirmó a sus seguidores en este encargo, al compartir una Última Cena con ellos, antes de su muerte.

LA PASIÓN Y MUERTE DE JESÚS

El acontecimiento decisivo y más importante de la historia de la vida de Jesús vino con su pasión y muerte. Estos hechos históricos, por encima de cualquier otro, dan testimonio de su plena humanidad. Su muerte permanece tan históricamente cierta como cualquier cosa que pueda serlo. Sin embargo, son pocos los detalles ocurridos durante las últimas horas que pueden certificarse con mucha veracidad. Todos los relatos de la pasión en los Evangelios han sido formados y constituidos por los intereses teológicos de escritores posteriores. La muerte brutal y vergonzosa de Jesús constituyó un desconcierto y un desafío para sus seguidores, aun cuando creían en su resurrección. ¿Por qué tenían que ocurrir las cosas de esta manera? El interés principal de los relatos de la pasión está en ofrecer una respuesta a esta pregunta turbadora.

Podemos detectar lo ocurrido durante los últimos días de Jesús en un esquema genérico. 1) La reacción cuando ingresó a la ciudad (la procesión de "palmas"). 2) Un incidente en el templo (la "purificación") provocó una enorme ira entre sus adversarios. 3) Jesús celebró una famosa comida conmemorativa con sus discípulos (la Última Cena). 4) Jesús fue traicionado por uno de sus mismos discípulos (Judas). 5) Lo acontecido durante el juicio continúa siendo extremadamente confuso y se han construido muchas versiones a partir de los relatos de la pasión.[1]

Sin embargo, los hechos desnudos de la crucifixión y la muerte, no pueden descartarse pues continúan siendo algo muy importante en la cristología. Un acuerdo creciente entre los biblistas asegura que Jesús tuvo conocimiento de su muerte inminente y que mostró una disposición para aceptar su muerte como parte de la realización del Reino de Dios. "Les aseguro que ya no beberé más del fruto de la vid hasta el día aquel en que beba un vino nuevo en el reino de Dios" (Marcos 14:25).

Para la teología católica permanece el hecho importante de que Jesús aceptó voluntariamente su muerte como parte de su obediencia a Dios y como consecuencia de su fidelidad al mensaje divino. La Comisión Teológica Internacional afirma que, para la fe católica, la muerte de Jesús es la "consecuencia libremente querida de la obediencia y del amor con que Jesús se ofrecía con activa pasividad" (Gálatas 1:4; 2:20) [*CSC,* IV. B.2.2]. Para la fe,

Jesús murió por la salvación de quienes creyeron en Él. Este acto de entrega personal sintetizó toda su vida y misión. En síntesis, no poseemos suficiente material para elaborar una biografía completa de Jesús en sentido moderno. Sin embargo existe material suficiente para configurar un retrato de un ser humano con un poderoso mensaje religioso acerca de Dios, de alguien que enseñó, sanó a los enfermos y eligió discípulos para transmitir ese mensaje. Asimismo realizó dicha misión con gran fidelidad, hasta el punto mismo de entregar su vida. Sin embargo, los sucesos posteriores a su muerte vinieron a demostrar a sus discípulos que Jesús era mucho más que un ser humano.

Los acontecimientos de la vida de Jesús como misterio

El conocimiento preciso de la vida, enseñanza y acciones de Jesús es importante más allá de la perspectiva de la investigación histórica. Cuando estos hechos son presentados en conjunto con las convicciones de fe, que afirman la resurrección y la divinidad de Jesús, analizada en el primer capítulo, tales hechos se convierten en genuinos "misterios de fe". Todo lo que Jesús hizo y dijo adquiere un valor profundo a la luz de la acción de Dios hacia nosotros y de nuestra comunicación con Dios. El *CIC* capta ambas perspectivas de fe.

Toda la vida de Cristo es Revelación del Padre: sus palabras y sus obras, sus silencios y sus sufrimientos, su manera de ser y hablar. (516)

Todo lo que Cristo vivió hace que podamos vivirlo en Él y que Él lo viva en nosotros. El Hijo de Dios con su encarnación se ha unido en cierto modo con todo hombre. Estamos llamados a no ser más que una sola cosa con Él; nos hace comulgar, en cuanto miembros de su Cuerpo, en lo que Él vivió en su carne por nosotros y como modelo nuestro. (521)

Hay que descubrir las dos maneras en las cuales los hechos de la vida de Jesús se convierten en misterios: revelan algo sobre Dios y sobre la actitud de Dios hacia nosotros, y a la vez, revelan nuestro camino humano hacia Dios. El Nuevo Testamento afirma que Jesús revela a Dios Padre: "El que me ve a mí, ve al Padre" (Juan 14:9), y "Cristo es la imagen del Dios invisible, el primogénito de toda criatura" (Colosenses 1:15). Los cristianos necesitan tomar seriamente estas afirmaciones; la actitud de Jesús hacia los pecadores dice más sobre la manera en que Dios ve al pecador que todos los sistemas de justicia y castigo derivados de las investigaciones humanas y de la experiencia; Jesús llamó a sus discípulos y nos enseñó que Dios siempre invita y llama a las personas a una conversión de vida.

De acuerdo a esta segunda perspectiva de la fe, la humanidad de Jesús se convierte en el "camino" para comprender la divinidad de Jesús y el sentido del Reino de Dios. Los seguidores cristianos de Jesús que creen que él tiene un significado definitivo en su relación con Dios, deberán buscar vivir la vida que Él vivió. Los creyentes son invitados a vivir los mismos acontecimientos y misterios de la vida, y a trasladarlos a su propio ambiente vital. Jesús proclamó que el Reino de Dios constituye en este momento, una fuente de fortaleza humana. Podemos preguntarnos a nosotros mismos, ¿qué tan convincentes somos cuando decimos que una respuesta a Dios deberá ser parte de la vida de toda persona?

Al considerar de esta manera los hechos de la vida de Jesús, la humanidad de Jesús se convierte en un camino especial y único hacia Dios. La Comisión Teológica Internacional identifica precisamente esto como una razón para buscar un sano conocimiento histórico de la vida de Jesús: "que tienda efectivamente a mostrar mejor el papel que la humanidad de Cristo y los diversos 'misterios' de su vida terrenal, como el bautismo, las tentaciones, y la 'agonía' de Getsemaní tuvieron en la salvación de los hombres" (*CSC*, II. C.7).

El *CIC* no duda en hablar de esta manera sobre algunos de los momentos más difíciles de la vida de Jesús: las tentaciones, el conflicto social, sus sufrimientos físicos, y el momento de su abandono por parte de Dios (ver 538–540, 603, 612). Todos estos son espejos para nuestra vida y para nuestro esperanzado camino hacia Dios.

Muchos cristianos, como parte de su auténtico compromiso de fe, viven algún aspecto de la vida histórica de Jesús en el mundo contemporáneo: predican la buena nueva del Reino de Dios, cuidan a los enfermos, se comprometen en algún ministerio de servicio con los que sufren y los moribundos, ofrecen ayuda a los pobres, crean un ambiente de oración y muchos otros quehaceres. Cada persona da un testimonio concreto de la plena humanidad de Jesucristo. Un estudio cuidadoso de la vida de Jesús deberá tener siempre en cuenta este objetivo último, ayudar al creyente a que profundice en la verdadera imitación de la vida de Jesús.

NOTAS

1   Un punto que la reciente investigación histórica ha aclarado y al cual han respondido rápidamente las autoridades de la Iglesia, es el de la responsabilidad y la culpabilidad del pueblo judío en la muerte de Jesús. La investigación histórica otorga una mayor responsabilidad a los soldados y oficiales romanos. Uno debe ser muy sensible a la posibilidad de que surjan actitudes antijudías a partir de una lectura superficial de los relatos de la pasión.

RESUMEN

Una cristología católica afirma la plena humanidad de Jesucristo y usa las herramientas de la investigación histórica moderna para conseguir un retrato tan certero como sea posible. La información básica sobre la vida de Jesús proviene de los cuatro evangelios del Nuevo Testamento. Es decisivo conocer qué tipo de documentos son los Evangelios y qué tipo de información que se desprende de ellos. Algunos de los acontecimientos principales de la vida de Jesús están históricamente fundados: su bautismo, las tentaciones, su proclamación del reino de Dios, su ministerio de sanación, su pasión y muerte. Al unir la historia de la vida de Jesús al hecho singular y a la afirmación creyente de la resurrección, una subsiguiente fase cristológica los mira como "misterios" de la vida de Cristo. A la vez nos revelan a Dios y nos muestran el camino para nuestra verdadera humanidad.

Para reflexionar

1. ¿Puedes pensar en alguna imagen que ayudaría a las personas a comprender la información amplia que ofrecen los Evangelios sobre Jesús?

2. Identifica un relato de la vida de Jesús y reescríbelo para el mundo presente. Luego, trata de establecer conexiones con la narración original.

3. Escoge un hecho de la historia de Jesús y explica de qué manera "Dios se revela" y de qué manera se revela nuestra verdadera humanidad.

Capítulo 3

La cristología y los primeros concilios ecuménicos

Al final del período del Nuevo Testamento (aproximadamente hacia el año 100 d.C.), el cristianismo continuó propagándose por todo Imperio Romano y más allá. Comenzaron a aparecer pequeñas comunidades cristianas en todas las grandes ciudades y en las remotas áreas rurales. Todos creían en Jesucristo y propagaban el mensaje sobre el maestro galileo, quien era realmente Dios encarnado. Un ejemplo típico de que esta creencia en Jesucristo era claramente aceptada proviene de una carta de Ignacio, un obispo de Antioquia (en el actual Líbano) escrita muy probablemente en la primera década del siglo II: "Bajo el designio divino, Jesucristo nuestro Dios fue concebido por María de la semilla de David y del Espíritu de Dios; él nació y se sometió al bautismo, así que por su pasión pudo santificar el agua" ("A los Efesios", 18).

Esta fe recibida de la tradición apostólica se propagó por el rápido del crecimiento del movimiento cristiano.

Confusión acerca de Cristo

Sin embargo, empezaron a surgir ciertos problemas, en medio de estos grupos ampliamente dispersos, problemas que finalmente causarían grandes cambios en la unidad de las comunidades cristianas y en la forma como expresaban su fe en Jesucristo. El primer problema fue la simple falta de comunicación o de contacto frecuente. La distancia y los prolongados períodos de aislamiento hicieron que algunos grupos cristianos pudieran desarrollar expresiones de la fe, costumbres de vida y formas de culto, bastante diferenciadas.

El segundo problema brotó del primero, y tuvo como origen la diversidad de culturas, filosofías y de otras religiones que el cristianismo encontró en los lejanos rincones del Imperio Romano. Por ejemplo, los desafíos que suponía encontrarse cierto tipo de "oponentes" provocarían que un grupo de cristianos desarrollaran y acentuaran un aspecto de su propia vida y de su fe, que otros cristianos probablemente no acentuarían. Estos desequilibrios provocaban incertidumbre y tensiones cuando los diferentes grupos cristianos se reunían en común.

El tercer problema que estaba unido a las dos dificultades que fueron previamente mencionadas, ocurría cuando los convertidos a la fe cristiana importaban aspectos de otra religión o filosofía para la práctica cristiana. Dicha integración podría empañar las expresiones de fe recibidas de la primitiva comunidad cristiana. De hecho, este problema ocurrió no solamente con asuntos secundarios, sino también con relación a la fe en Jesucristo. Por ejemplo, surgieron fuertes desacuerdos sobre su verdadera naturaleza e identidad, y sobre la comprensión de su obra salvadora. Cada uno de estos grupos, sin embargo, se consideraban a sí mismos como cristianos, verdaderos seguidores de Jesucristo. Algunas veces, un cierto número de personas de estos diversos grupos podían encontrarse dentro de una gran ciudad. La mayoría de los grupos cristianos que se mencionarán enseguida aparecieron durante el siglo II.

Algunos cristianos mantenían fuertes vínculos con sus raíces judías. Ellos continuaron practicando muchas costumbres judías (por ejemplo, la observancia de la Torá, la práctica de la circuncisión y la observancia de las fiestas tradicionales judías). Creían en Jesús, pero lo entendían dentro de la estructura de la afirmación tradicional judía de un único Dios. No les agradaba la extravagante (así la veían ellos) afirmación de Jesús como Dios, en algunos escritos del Nuevo Testamento. Creían que Jesús era un "profeta", el más grande de los profetas, el Mesías del Judaísmo. Para estos judíos cristianos, Jesús continuó siendo alguien completamente humano, sin concepción virginal y sin ninguna alusión a su divinidad.

En oposición a estos judeocristianos estaban aquellos cuyas creencias provenían de la enseñanza y liderazgo de un hombre llamado Marción. En ocasiones fueron llamados cristianos marcionitas. Marción vivió a mediados del siglo II y provenía de Sínope en el Ponto, una región de Asia Menor (en la actual Turquía), donde su padre era obispo. Dentro de su perspectiva quedaba excluida cualquier cosa que tuviera raíces judías, especialmente los escritos sagrados de los judíos. Sostenía que el cristianismo se expresaba en las cartas de San Pablo y en algún otro escrito. Para él, el Dios de la alianza judía era un Dios del castigo, mientras que Jesús proclamaba un Dios diferente de amor. Marción creyó en Jesucristo como Dios encarnado, pero no estaba seguro de que Jesús fuera realmente un hombre verdadero. Jesús reveló al nuevo Dios cristiano del amor. Otra facción más era la comunidad cristiana gnóstica que enfatizaba la "gnosis", o un conocimiento revelado especial. Estas pequeñas agrupaciones de cristianos se organizaron a sí mismos a la manera de los "grupos de estudio" de los filósofos griegos y romanos, pero teniendo como guías a maestros cristianos. Con toda probabilidad, muchos de los maestros gnósticos cristianos habían pertenecido a otras formas de gnosticismo griegas o judías antes de convertirse al cristianismo. El gnosticismo se propagó a lo largo y ancho del Imperio Romano. Su mezcla característica de muchos aspectos de diferentes tradiciones religiosas (judaísmo, religiones místicas, panteísmo griego) creó una multitud de creencias gnósticas. Desde su perspectiva ecléctica, se asemejan a los movimientos de la Nueva Era del siglo XX. Los cristianos gnósticos entrelazaron aspectos del cristianismo con esta mezcla filosófico-religiosa y en ese proceso cambiaron la fe cristiana. Consideraron a Jesucristo como un "principio" espiritual que existía entre Dios y el mundo. Jesús no era realmente un ser humano, y la mayoría de los cristianos gnósticos no creían que hubiera realmente muerto en la cruz. En su lugar, para ellos él era una especie de revelador semidivino que trajo el conocimiento oculto y verdadero sobre Dios, el mundo y los seres humanos. Por encima de todo, los gnósticos, reclamaban tener gnosis, un conocimiento secreto que mostraba el camino verdadero a la salvación celestial.

Una tradición de la Iglesia Católica

Además de los grupos cristianos previamente mencionados, otros se consideraron a sí mismos fieles a la tradición recibida de los apóstoles. Creían en una expresión de fe unida y universal (católica), continuamente transmitida desde los primeros años de la Iglesia. Ellos se llamaron a sí mismos "apostólicos" o "cristianos católicos". Las diferencias crecientes entre las diferentes facciones cristianas hicieron que estos cristianos católicos tuvieran conciencia de la necesidad de establecer algunas señales de identificación, una cierta manera de reconocer la fe tradicional transmitida desde los Apóstoles. El gran logro de los cristianos católicos a lo largo de los siguientes ciento cincuenta años (cerca del 150 al 300), fue establecer una tradición eclesial que se ocuparía de consolidar, recordar y transmitir esa fe apostólica. Cuatro pilares básicos formaron el soporte de su tradición cristiana.

Primero, los cristianos católicos finalmente lograron un acuerdo sobre un canon, es decir, una lista de libros sagrados que se convirtió en el testamento cristiano: el "Nuevo Testamento". La consecución de una lista comúnmente aceptada fue un proceso largo, que tomó casi doscientos años (cerca del 180 al 367). Un segundo pilar fue la formulación de un Credo, un resumen breve que enlista las creencias a las cuales se adhirieron todas las Iglesias cristiana-católicas. Las acciones sagradas y públicas (los sacramentos) formaron un tercer pilar considerado como la liturgia y la oración pública de los cristianos católicos. La cuarta y última piedra fundamental de esta tradición eclesial surgió como un liderazgo estable: el colegio de obispos.

Este esfuerzo de establecer una tradición eclesial se considera como un gran momento en la historia de la Iglesia cristiana-católica. Esta tradición identificó una base común a la cual los cristianos católicos siempre podrían regresar, para lograr la clara fundamentación de la fe que estaban tratando de lograr. El cristianismo católico anunció una fe pública e histórica, no verdades ocultas como el cristianismo gnóstico. Además, el cristianismo católico asumía una visión universal y mundial, a diferencia de los grupos cristianos elitistas y separatistas como los marcionitas. El grupo cristiano católico se llamó a sí mismo "gran Iglesia" (una, santa, católica y apostólica). Para ellos, los obispos reunidos eran los líderes que sucedieron a los primeros apóstoles y decidían los parámetros verdaderos para la verdadera fe y vida cristianas. Las Escrituras (especialmente el Nuevo Testamento), las creencias expresadas en el Credo, la Iglesia en su vida litúrgica, y las decisiones autoritativas de los obispos: estos cuatro pilares fueron entonces –y permanecen ahora– la tradición permanente los cristianos católicos.

No obstante, el desarrollo de estos cuatro pilares, los cristianos católicos se sintieron obligados a ocuparse de otras cuestiones relativas a Jesucristo. Para este fin, sus pastores, los obispos, se reunían en concilios y reflexionaban en la Biblia, los credos, el culto del pueblo y el pensamiento de los teólogos. Y así articularon la fe de su tradición cristiana. En los siglos II y III estos encuentros primeramente tuvieron lugar a nivel regional, pero en el siglo IV, ocurrieron ciertos hechos que provocaron la introducción de un sistema más amplio y novedoso: el concilio "ecuménico". Este concilio abarcaba a todos los obispos de la Iglesia cristiana-católica. Los primeros concilios ecuménicos abordaron diferentes cuestiones relacionadas con la fe en Jesucristo. Sus decisiones modelaron la tradición doctrinal básica de la Iglesia, una tradición que todavía permanece.

Los concilios ecuménicos

Durante el período de gestación de la tradición católica (cerca del 150 al 300), otro desarrollo estaba creando una agitación por todo el mundo cristiano. Algunos pensadores cristianos intentaron expresar la universalidad de Jesucristo y de su salvación en una forma que fuera más comprensible para las mentalidades cultivadas en una cultura grecorromana, muy distinta del ambiente judío en el que había vivido Jesús. La cultura general del Imperio Romano había sido afectada decisivamente por las tradiciones de la filosofía griega, especialmente por el platonismo y el estoicismo. Así, la proclamación acerca de Jesucristo a las personas de esa cultura, necesitaba expresarse dentro del contexto de las palabras, los significados y la visión del mundo grecorromano. Este primer proceso de "inculturación" finalmente tendría éxito, pero también conduciría a un desarrollo mayor sobre la comprensión de Jesucristo entre los mismos cristianos.

Uno de los pasos más trascendentes ocurrió cuando varios de los principales pensadores cristianos, especialmente San Justino mártir, comenzó a hablar y escribir sobre Jesucristo como el *Logos*, o Palabra de Dios. El evangelio de Juan en el Nuevo Testamento utilizó frecuentemente esta palabra, pero Justino dio otro paso más y desarrolló la noción del *Logos* dentro de los conceptos de la filosofía griega. En ese ambiente, el *Logos* podría significar muchas cosas: "palabra", "significado", el "principio de la racionalidad" siempre presente, y "el orden básico del universo". Al llamar a Jesús el "Logos de Dios", Justino afirmó que lo que había acontecido en Jesucristo afectaba la composición entera de toda la creación, y por tanto, la obra salvadora de Jesús era verdaderamente universal. Para los griegos, la universalidad constituía prácticamente un deber para cualquier idea que tuviera una validez duradera. Justino escribió en un famoso tratado.

"Se nos ha enseñado que Jesucristo es el primogénito de Dios, y nosotros declaramos algo más, que Él es la Palabra (Logos) de la cual toda raza humana fue partícipe; y todos aquellos que viven conforme a la razón son cristianos" ("Apología", I, 46).

Gradualmente "Palabra de Dios", "Razón de Dios" y "Orden de la creación de Dios" se convirtieron en las formas privilegiadas en que los cristianos griegos pensaban acerca de Jesucristo. Lo que realmente ocurrió en Jesús fue que el Logos de Dios entró en la historia humana y cambió "el orden y el sentido" de todas las cosas.

Este paso crucial en el pensamiento cristiano produjo a la vez buenas y malas noticias para el futuro de la fe y la práctica cristianas. Las buenas nuevas anunciaron que Jesucristo podría en realidad ser predicado y creído como el salvador universal del mundo. Sin embargo, la mala noticia fue que la relación exacta del Logos de Dios como supremo creador y Padre permaneció incierta, porque en la filosofía griega el *Logos* era "inferior" al único y supremo principio de todas las cosas. Como resultado, los cristianos empezaron a sostener visiones conflictivas de Jesús como la Palabra de Dios. Algunos lo consideraban igual al Padre;

otros juzgaban que era inferior al Padre y creado por el Padre. Finalmente, esas visiones contrastantes llegaron a un conflicto público, y los primeros concilios ecuménicos habrían de abordar ese conflicto.

Otro hecho que contribuyó al surgimiento de los concilios ecuménicos podría encontrarse en el diferente destino de la Iglesia cristiana en el Imperio Romano durante las primeras décadas del siglo IV (especialmente del 312 al 325). En el año 313, Constantino, el emperador romano, convirtió al cristianismo católico en una religión legal y le comenzó a dispensar gran favor y protección. Pronto la Iglesia cristiana se convirtió en una fuerza social importante en todo el Imperio Romano al punto que los obispos necesitaron una declaración de fe, un objetivo y una práctica clara y unificada. Una declaración de ese tipo solamente podría llevarse a cabo a través de un encuentro de todos los obispos, representando a todos los cristianos.

La controversia sobre la identidad de Jesucristo surgió en el año 318 con una disputa en la ciudad de Alejandría (Egipto) entre dos facciones cristianas. Una, encabezada por un presbítero destacado, de nombre Arrio, sostenía que el Logos en Jesús "no existía, antes que él fuera engendrado o creado. . . . El Hijo tenía un principio, pero Dios no tiene principio" (Stevenson, *A New Eusebius: Documents Illustrative of the History of the Church to A.D. 337*, p. 325). La otra facción que encabezaba el obispo Alejandro y un diácono de nombre Atanasio, sostenía que la Palabra en Jesús era plenamente divina y que cuando el pueblo oraba a Jesucristo estaba en realidad orando al Dios único y eterno. El obispo Alejandro creyó que el Logos en Jesucristo estaba al mismo nivel del Padre; el Logos, es por tanto, plenamente Dios. Para Alejandro esta creencia representaba la fe de la Iglesia en la oración y la liturgia: encontrar a Jesucristo es encontrar a Dios. La disputa pronto se propagó desde la ciudad de Alejandría a casi toda la mitad orienta del Imperio Romano. La Iglesia cristiana se encontró a sí misma abiertamente dividida sobre un asunto de gran urgencia.

Para resolver la disputa el emperador Constantino convocó un concilio "mundial" (o ecuménico) de obispos que se reunirían en la ciudad de Nicea (cerca de Estambul en la actual Turquía). Este encuentro se convirtió en el primer concilio ecuménico de la Iglesia católica. Las decisiones del concilio, como aquellas de los concilios ecuménicos posteriores hasta el Vaticano II en el siglo XX, se convirtieron en una piedra fundamental de la tradición católica para todos los cristianos católicos. Los obispos en el concilio de Nicea escucharon las dos dimensiones del argumento, debatieron el asunto, votaron abrumadoramente a favor de la posición del obispo Alejandro y del diácono Atanasio.

Para comunicar su decisión a toda la Iglesia cristiana-católica, los obispos promulgaron una nueva formulación del credo para la iglesia universal. Los cristianos católicos todavía recitan este Credo de Nicea cada domingo en la misa. Sin embargo, el texto de este Credo no recibiría su formulación final, hasta el siguiente concilio ecuménico en Constantinopla en el año 381. Este último concilio añadiría declaraciones específicas sobre la divinidad del Espíritu Santo y sobre la obra específica del Espíritu en la Iglesia y en el mundo. El Credo Niceno afirma sobre Jesucristo:

Creemos. . . en un solo Señor, Jesucristo, Hijo de Dios, nacido del Padre antes de todos los siglos: *Dios de Dios, Luz de Luz, Dios verdadero de Dios verdadero, engendrado, no creado, de la misma naturaleza del Padre,* por quien todo fue hecho; que por nosotros y por todos los hombres, y por nuestra salvación bajó del cielo, y por obra del Espíritu Santo, se encarnó de María la Virgen, y se hizo hombre; padeció y fue sepultado, y resucitó al tercer día, según las Escrituras, y subió al cielo, y está sentado a la derecha del Padre; y de nuevo vendrá con gloria para juzgar a vivos y muertos, y su reino no tendrá fin.[1]

Al final el Concilio de Nicea proclamó que los cristianos católicos profesan a Jesucristo como verdadera y plenamente divino, "Hijo de Dios" en el sentido más real y fundamental de dicha frase. Rezar a Cristo y adorar a Cristo es rezar y adorar a Dios. No obstante, se necesitaron más de cincuenta años para que las decisiones de Nicea fueran aceptadas por el cuerpo principal de los cristianos católicos. Las implicaciones plenas de esta creencia tuvieron que elaborarse conforme a la comprensión de Dios como Trinidad. En realidad, la proclamación del Logos como divino estableció un paso clave que condujo a una comprensión amplia de Dios como trino, Padre, Hijo y Espíritu Santo.

Varias décadas después cesó el furor de Nicea, y otra cuestión acerca de Jesucristo dividió a los cristianos en varias facciones opuestas. A partir de que había sido establecida claramente la divinidad de Cristo por los dos primeros concilios ecuménicos, los pensadores cristianos comenzaron a explorar su humanidad. ¿Hasta qué punto y en qué sentido se puede decir que Jesús es humano como nosotros? Algunos teólogos empezaron a sostener que Jesús tenía un cuerpo como el nuestro, pero no una mente humana capaz de decidir, y por tanto de asumir decisiones pecaminosas. Querían asegurar de forma absoluta la impecabilidad de Jesús. Otros pensadores cristianos objetaron, diciendo que era necesario que Jesús fuera un ser humano completo, con un cuerpo humano real, una mente y un alma como la nuestra, de otra manera la mente humana, no habría sido salvada por la encarnación de Jesús. Esta complicada disputa religiosa confrontó a los cristianos durante casi un siglo. Otra vez las diferencias causaron grandes divisiones entre los grupos cristianos.

Finalmente el concilio ecuménico de Calcedonia en el 451, convocado por el emperador Marción, logró otra decisión fundamental para los cristianos católicos, esta vez en relación a lo humano y divino en Jesucristo. Este concilio también promulgó una declaración de fe formal:

> Todos a una voz enseñamos que ha de confesarse a uno solo y el mismo Hijo, nuestro Señor Jesucristo, el mismo perfecto en la divinidad y el mismo perfecto en la humanidad, Dios verdaderamente, y el mismo verdaderamente hombre de alma racional y de cuerpo, consustancial con el Padre en cuanto a la divinidad, y el mismo consustancial con nosotros

en cuanto a la humanidad, semejante en todo a nosotros, menos en el pecado. . . . Que se ha de reconocer a uno solo y el mismo Cristo Hijo Señor unigénito en dos naturalezas, sin confusión y sin cambio, sin división, sin separación.

(*El Magisterio de la Iglesia*, p. 57)

Calcedonia no solo logró la confesión tanto de la plena humanidad y divinidad de Jesucristo sino que también estableció un conjunto básico de términos que tendrían que usarse para dar una explicación sobre quién es Jesucristo. En Cristo, dos "naturalezas" (divina y humana) existen juntas en una persona (una sola realidad existente). El efecto práctico de esta distinción significa que la Iglesia Católica aceptó plenamente la humanidad completa (naturaleza humana) de Jesús. Más aún, los obispos en Calcedonia afirmaron que en la unión de la naturaleza humana y la naturaleza divina, no ocurrió ninguna mezcla ni confusión entre ambas. Esto aseguraría que las personas no concluirían diciendo que la naturaleza divina cancelaba o controlaba completamente a la naturaleza humana. La Comisión Teológica Internacional explica el punto siguiente. "'Sin confusión' se refiere evidentemente a las dos naturalezas, y afirma la humanidad auténtica de Cristo . . . 'sin división' proclama la unión profundísima e irreversible entre Dios y el hombre Jesús en la persona del Verbo. Y se afirma también la plena inmanencia de Dios en el mundo" (*CSC*, II. B.5).

Desafortunadamente el Concilio de Calcedonia no resolvió los muchos problemas sociales y políticos existentes entre las diferentes facciones. Como consecuencia, grupos significativos de cristianos se separaron y formaron sus propias Iglesias. La división entre los cristianos católicos y las así llamadas Iglesias monofisitas (una naturaleza) ha permanecido hasta nuestros días. Sin embargo, para los cristianos católicos se había colocado otra piedra fundamental de la cristología. Jesucristo era (y es) confesado como alguien plenamente humano y divino. Y su humanidad no fue borrada por el hecho de que la Palabra de Dios la haya asumido. Por tanto en lo sucesivo, la tradición cristiana-católica hablará de la naturaleza humana y divina de Jesucristo.

Posteriormente los pensadores cristianos y los concilios ecuménicos desarrollaron las posiciones afirmadas por los Concilios de Nicea y Calcedonia. Uno de los desarrollos fundamentales especificaba que la unión de las dos naturalezas ocurrió precisamente en la "persona" (*hypostasis* en griego) del Hijo de Dios, la segunda persona de la Trinidad (es importante recordar que "persona" no tiene aquí el significado moderno de "un centro de conciencia psicológica" en el individuo, sino más bien indica un "acto fundamental de existencia"). La realidad fundamental de Jesucristo reside no en la naturaleza humana sino en la naturaleza divina. El Hijo de Dios, la segunda persona del Dios trino, asumió una naturaleza humana y llegó a ser un ser humano individual como nosotros. Este concepto llegó a conocerse como la "unión hipostática" y una parte de los cristianos católicos así lo entienden hasta el presente.

Un segundo desarrollo muy importante delineó precisamente la magnitud y el alcance de la asunción por parte de Jesús de la naturaleza humana. Fue una aceptación total de nuestra humanidad, menos en el pecado. El tercer Concilio de Constantinopla en el 681 afirmaría: "Y predicamos igualmente en Él dos voluntades naturales o quereres y dos operaciones naturales" (*MI*, p. 105). En su vida terrestre, Jesús enseñó, deseó, quiso y actuó como un ser humano, como todos nosotros. Esta fue la base para la hermosa declaración del Concilio Vaticano II: "Trabajó con manos de hombre, pensó con inteligencia de hombre, obró con voluntad de hombre, amó con corazón de hombre" (*GS*, 22). Esta plena humanidad de Jesucristo necesita ser específicamente recordada en nuestras discusiones y visiones de Jesucristo en el siglo XXI.

Dos acercamientos a la cristología

Todas estas disputas sobre la identidad de Jesucristo, al igual que las decisiones de los concilios ecuménicos, producirían gradualmente un cambio decisivo de énfasis dentro de la cristología católica. En el curso de los siglos y por muy diferentes razones, cada vez se fue poniendo más y más fuerza en la divinidad de Jesús. Él es realmente el Hijo de Dios que vino a la tierra. Por tanto, toda palabra pronunciada por Jesús en los Evangelios podría considerarse como una palabra directa de Dios. Aun cuando las personas reconocían su plena humanidad, tal como estaba indicada en el credo, el alcance práctico de esta creencia rara vez se hizo evidente. Este nuevo acercamiento se distinguió del de los cristianos de los primeros siglos, los cuales usualmente comenzaban con el misterio de la Resurrección de Jesús por obra de Dios Padre. Después de los concilios cristológicos, la enseñanza de las comunidades cristianas condujo a subrayar la centralidad de la Encarnación, el acto por el cual el Hijo de Dios asumió la naturaleza humana en el vientre de la Virgen María. En ésta, que es la gran acción divina por excelencia, el momento de la salvación gradualmente adquirió precedencia sobre todos los demás. Este estilo de cristología puede apropiadamente llamarse una "teología encarnacionista".

El desarrollo subsiguiente de la teología encarnacionista a lo largo de muchos siglos contribuyó finalmente a la articulación de otras creencias en la tradición cristiana-católica. En particular las doctrinas mariológicas (virginidad perpetua, Inmaculada concepción, asunción a los cielos) fluyen lógica y naturalmente de esta perspectiva encarnacionista. Los privilegios divinos otorgados a María por su participación voluntaria en una acción tan sorprendente, fueron vistos como una ampliación de la misma gracia salvadora. La teología de la Encarnación también condujo a una imagen primaria de Jesús como el Dios–hombre; el creyente fiel debe ver a "Dios" detrás de todas las cosas que Jesús dice o hace, desde su concepción hasta su muerte y resurrección.

Sin embargo, de este estilo de teología también se derivaron algunos problemas. Aunque la plena humanidad de Jesús se pudo haber confesado formalmente, muchos cristianos dejaron de considerar a Jesús como un ser humano que vivió una auténtica vida religiosa en la Palestina del primer siglo, luchando por vivir fielmente su compromiso, continuado hasta su muerte, y enseguida, siendo resucitado a la vida glorificada por un Dios gracioso y misericordioso. En particular, los teólogos católicos del siglo XX se preocuparon de otras "lagunas" que se habían desarrollado en todo el esquema de la teología de la Encarnación. La Resurrección de Jesús frecuentemente era considerada como un hecho menor, en lugar de considerarse como un momento definitivo y central en el drama de la salvación, quedaba reducida a una acción entre muchas que "demostraba" su divinidad. Desde el momento en que las auténticas luchas de la vida y la fe en la existencia de Jesús no fueron plenamente valoradas en la predicación y la catequesis, los cristianos desaprovecharon la fuerza de estos misterios como una guía para su propia vida de fe.

En nuestro tiempo, muchos teólogos católicos han trabajado para reafirmar la importancia de la resurrección y de la historia de la vida de Jesús como puntos de partida para la cristología. Gerald O'Collins en su libro *Christology: A Biblical, Historical and Systematic Study of Jesus* [Cristología: estudio biblico, histórico y sistemático de Jesús], explica un acercamiento típico: "Las consideraciones históricas y litúrgicas me han convencido de considerar a la resurrección de Jesús crucificado (con la efusión del Espíritu Santo) como un aspecto central. Históricamente, fue la fe y la proclamación del misterio pascual lo que hizo que el movimiento cristiano continuara" (páginas 15–16). Este acercamiento comienza con la vida y el ministerio de Jesús, continúa con la resurrección y en seguida se ocupa de la identidad de Jesucristo y del efecto salvífico de su obra. En ocasiones se le denomina "cristología ascendente" en contraste con una cristología "descendente", la cual comienza con la segunda persona de la Trinidad y opera "descendiendo" por la encarnación, la vida y el ministerio de Jesús, la Resurrección y así sucesivamente.

Todos los creyentes católicos deberían darse cuenta de que ambos acercamientos son posiciones legítimas en la teología católica. El punto crucial que debe afirmarse es que, cualquier acercamiento que uno tome, debe integrar también los aspectos principales del otro acercamiento, y no olvidarlos, ni negarlos.

1   El texto en bastardillas constituye las verdades que el Concilio de Nicea quiso enfatizar de manera especial.

Resumen

Poco después del período del Nuevo Testamento, surgieron diferencias significativas entre las diversas comunidades cristianas. Este problema condujo a la formación de la tradición de la Iglesia Católica, cuyos mayores artífices fueron los obispos reunidos en concilio. Los Concilios Ecuménicos de Nicea y Calcedonia formularon una doctrina básica o una comprensión de la identidad de Jesucristo, la cual ha permanecido hasta nuestros días. La doctrina de las dos naturalezas en la única persona de Jesucristo favorece el desarrollo de una cristología práctica que puede ser "ascendente" o "descendente".

Para reflexionar

1. ¿Cuáles son las visiones actuales de Jesucristo que podrían asemejarse a las de los marcionitas, los judeocristianos o los gnósticos de antaño?

2. ¿De qué manera se podrían explicar las palabras técnicas como "naturaleza" o "persona" en un lenguaje moderno más comprensible?

3. ¿Preferirías usar en la catequesis una cristología "ascendente" o "descendente"? Da algunas razones.

CAPÍTULO 4

Creencias cristológicas subsiguientes

En los primeros años después de la muerte y resurrección de Jesús, sus seguidores ya habían creído que en el acontecimiento que fue Jesucristo se incluía algo más que la resurrección y reivindicación de Jesús, más aún, creían que había ocurrido un hecho transformador en su vida por la fe en él. Llegaron a creer que de alguna manera la relación básica entre Dios y toda la creación, había sido afectada favorablemente. Emplearon una amplia variedad de términos para expresar este cambio fundamental: redención, salvación, expiación, justificación y reconciliación.

La redención y salvación por medio de Jesucristo

San Pablo expresó este cambio fundamental en su segunda carta a los Corintios. "Porque era Dios el que reconciliaba consigo al mundo en Cristo, no teniendo en cuenta los pecados de los hombres . . . ." (5:19). Los Hechos de los Apóstoles confesaron, "Nadie más que Él puede salvarnos, pues sólo por medio de Él nos concede Dios a los hombres la salvación sobre la tierra" (4:12). La Carta a los Hebreos señala esta misma idea en una forma ligeramente diferente: "Por esto Cristo es el mediador de la nueva alianza, pues Él ha borrado con la muerte las transgresiones, para que los elegidos reciban la herencia eterna que se les había prometido" (9:15). En estos y otros muchos pasajes del Nuevo Testamento, vemos que la fe cristiana de los primeros años creyó que el conjunto del acontecimiento-Jesucristo señaló un vínculo nuevo y definitivo entre Dios y toda la creación.

Cada uno de los términos bíblicos y teológicos usados para expresar la relación básica entre Dios y toda la creación –redención, salvación, expiación, justificación, reconciliación– posee un matiz propio en su significado. "La redención" implica un cierto tipo de "compra o rescate", o una "liberación de una atadura". "La salvación" se orienta hacia una condición de salud o de plenitud. La "justificación" coloca en un estado de rectitud delante de Dios. La "reconciliación" reúne lo que estaba separado. El elemento central sostiene que en Jesucristo la relación básica entre el misterio de Dios y todo lo que existe, fue cambiada definitivamente para bien.

Más allá de la manera en que fuera expresada, esta creencia permaneció firmemente anclada en medio de las convicciones de fe fundamentales de la Iglesia cristiana primitiva. Finalmente fue afirmada con gran fuerza y sencillez en el Credo Niceno: "por nosotros los hombres y por nuestra salvación, bajó del cielo" (*Misal Romano*, p. 288). La comunidad cristiana primitiva y la gran época de los concilios eclesiales lograron un acuerdo básico sobre esta creencia. Este debate continuó durante la época de los primeros concilios ecuménicos (325–451) buscando la forma adecuada de expresar la naturaleza de Jesús y la relación en él de lo humano y lo divino; ese debate siempre regresaba a un principio fundamental que guió todas las decisiones doctrinales: "lo que no se asume, no se redime". Esto significa que cualquier cosa que la segunda persona de la Trinidad no asumiera como humanidad de Cristo, no tendría posibilidad de ser redimida. Por medio de Cristo todo es redimido.

La Iglesia continuó rindiendo su testimonio sobre la salvación fundamental realizada por y en Jesucristo. ""El que no perdonó a su propio Hijo, antes bien lo entregó a la muerte por todos nosotros" (Romanos 8:32). "Tanto amó Dios al mundo que le dio a su Hijo único, para que todo el que crea en Él no perezca, sino que tenga vida eterna" (Juan 3:16). Sobre este tema la Comisión Teológica Internacional comenta: "Así pues, la persona de Jesucristo no puede ser separada de la obra redentora. Los beneficios de la salvación son inseparables de la divinidad de Jesucristo" (*CSC*, IV. A.l).

Al paso de los siglos, los pensadores cristianos trataron de articular más claramente la forma en que ocurrió este cambio. ¿De qué manera precisamente Cristo realizó este "nuevo cambio"? ¿Fue con su muerte, su resurrección o tal vez a través de la Encarnación misma? ¿Qué tanto afectó el paso del tiempo dicho cambio? ¿La salvación fue realizada de forma definitiva o tal vez solo fue iniciada y ahora esperamos una consumación futura? ¿Cómo vemos los efectos de la salvación en nosotros mismos? ¿Vemos la salvación como un simple don de fe, como un nuevo conocimiento o una esperanza? Aunque muchas teologías de salvación y redención crecieron y declinaron en la historia, la Iglesia nunca decidió realmente sobre muchas cuestiones relativas a la salvación con la misma precisión con que se ocupó de la identidad de Jesucristo. Este punto debe tenerse en mente en vistas a la siguiente sección.

En el período de los Padres de la Iglesia (cerca del 200 al 600), muchos teólogos y escritores pensaron en el cambio fundamental que había ocurrido a través de una encarnación redentora. Se valieron de una fuerte cristología descendente para contemplar la Encarnación de Jesús como el camino que condujo a toda la humanidad y a toda la creación a participar en la misma realidad de Dios. Tuvieron la audacia de decir que la humanidad se había "divinizado" (deificación) a través del don de la gracia de Dios. San Atanasio proclamaría audazmente, "Por la (Palabra) que se hizo hombre podemos hacernos divinos" ("On the Incarnation", 54).

Otros pensadores cristianos optaron por una perspectiva más pesimista. Consideraron la muerte de Cristo como un rescate, una "readquisición o recompra" literal de la humanidad del demonio, en cuyo dominio yacía a partir del pecado original. Lamentablemente esta última visión podría conducir fácilmente hacia una imagen de Dios como un "padre cruel" que envió a su Hijo a morir para pagar el "rescate del demonio". Durante el período medieval en Europa occidental (cerca del 800 al 1400), San Anselmo de Canterbury desarrolló una famosa teología redentora de la satisfacción. En la visión de Anselmo, el honor de Dios había sido mancillado por el pecado humano y la justicia divina exigía que ese honor fuera restaurado. Esto solamente se podía cumplir por alguien que poseyera una igualdad con Dios y que también la compartiera plenamente con la raza humana. Por tanto, el Hijo se encarnó –haciéndose plenamente humano– para satisfacer las faltas pasadas, para identificarse con la humanidad, y para mostrar –en la misma acción– la innata misericordia de Dios.

Durante el último período medieval (1300–1500), se vivió un tiempo de gran confusión social y religiosa, muchas personas se deslizaron a una visión casi mágica de la salvación, creyendo, por ejemplo, que las personas podrían comprar o asegurar su salvación por medio de la adquisición de indulgencias o la realización de prácticas populares piadosas. Tales nociones confundieron, y otras parecidas, se convirtieron en una avalancha de factores que contribuyeron a la Reforma protestante (1517–1563). Una de los piedras angulares de la Reforma sería la "teología de la justificación" de Martín Lutero. Él subrayó que la humanidad fue hecha recta o justificada delante de Dios solamente por el libre otorgamiento de la fe en Dios y por la sola gracia, mas no por el esfuerzo humano. El fuerte énfasis de Lutero en la actividad divina hizo que se prestara atención a la carta de San Pablo a los Romanos, especialmente a los primeros ocho capítulos. La teología de Lutero desafió a la Iglesia católica para que reafirmara y profundizara sus propias creencias sobre la forma en que Dios nos ha salvado.

En respuesta a la teología de los reformadores, la cual también sembró confusión en medio de los fieles católicos, el concilio ecuménico de Trento (1545–1563) formuló una declaración acerca de la justificación para la tradición católica romana. El concilio ofreció una especificación más clara de la creencia católica en la salvación a través de Jesucristo. Se afirmaba que "El Padre celestial . . . envió a los hombres a su Hijo Cristo Jesús . . . para que todos recibieran la adopción de hijos de Dios. A éste propuso Dios como propiciador por la fe en su sangre por nuestros pecados . . . también por los de todo el mundo" ("Decreto sobre la justificación" *MI*, 228). Y para mostrar que toda justificación (salvación) se centra en Cristo, en seguida decretó que "su unigénito muy amado, nuestro Señor Jesucristo . . . nos mereció la justificación por su pasión santísima en el leño de la cruz, y satisfizo por nosotros a Dios Padre" ("Decreto sobre la justificación", *MI*, p. 230). La tradición católica una vez más comprendió y reafirmó claramente la fe del Nuevo Testamento de que la salvación es definitiva y totalmente un regalo de Dios en Jesucristo.

Aunque originalmente fueron formuladas en distintos idiomas y maneras de pensar, las creencias católicas y luteranas no divergen demasiado. Los pastores de las Iglesias luteranas y católica romana recientemente confirmaron este reconocimiento en la Declaración conjunta sobre la doctrina de la justificación.

14. Las Iglesias luterana y católica romana han escuchado juntas la buena nueva proclamada en las Sagradas Escrituras. Esta escucha común, junto con las conversaciones teológicas mantenidas en estos últimos años, forjaron una interpretación de la justificación que ambas comparten. Dicha interpretación engloba un consenso sobre los planteamientos básicos que, aun cuando difieran, las explicaciones de las respectivas declaraciones no contradicen.

15. En la fe, juntos tenemos la convicción de que la justificación es obra del Dios trino. El Padre envió a su Hijo al mundo para salvar a los pecadores. Fundamento y postulado de la justificación es la encarnación, muerte y resurrección de Cristo.

16. Todos los seres humanos somos llamados por Dios a la salvación en Cristo. Solo a través de Él somos justificados cuando recibimos esta salvación en fe.

En unión con la fe de la Iglesia en la salvación y la redención mediada por Cristo, una cuestión de fe relacionada con Jesucristo, continúa siendo el tema de una clarificación constante: la centralidad de la muerte de Jesús en la obra de nuestra salvación. Más allá del hecho que Dios Padre envió a su divino Hijo, Jesús —en su humanidad, en la historia de su vida— libremente él se entregó a toda la humanidad. Su genuina disponibilidad para entregar su propia vida a favor de los demás, se transformó en el más grande regalo que su amor humano podría otorgar a la humanidad. "Nadie tiene amor más grande que quien da la vida por sus amigos" (Juan 15:13). El

CIC acentúa este punto: "Este deseo de aceptar el designio de amor redentor de su Padre anima toda la vida de Jesús porque su Pasión redentora es la razón de ser de su encarnación". (607) En síntesis, esta voluntad deliberada de morir "por nosotros y por nuestra salvación" permanece como la revelación básica del amor de Dios por nosotros.

En épocas más recientes, han emergido nuevas teologías de la salvación en los círculos cristiano–católicos. La mayoría de ellas parecen estar interesadas en el desarrollo de un concepto de la salvación desde la perspectiva de una cristología ascendente que comienza con la vida humana y el ministerio de Jesús. El ejemplo práctico de Jesús nos ofrece el modelo concreto de cómo sus seguidores se convirtieron en parte de un proceso salvador. Estas teologías enfatizan no tanto una creencia en la redención y la salvación que se verificó en el pasado, sino más bien una salvación que comienza y procura hacerse realidad en la época presente, a fin de encontrar un cumplimiento glorioso en el futuro.

Esa perspectiva de la salvación presente y futura emergió en la teología de la liberación latinoamericana. Luego de unos comienzos modestos a finales de la década del sesenta, han aparecido diferentes formas de teología de la liberación en los más variados ambientes alrededor del mundo. Esta teología acentúa una imagen de Jesús como "el Liberador" de todas las personas, pero especialmente de los pobres y oprimidos. Para los teólogos de la liberación, la enseñanza de Jesús sobre el Reino de Dios tiene como objetivo ayudar a las personas a construir una sociedad humana justa y respetuosa que reconociera a todas las personas como hijos de Dios. Jesús trabajó por los necesitados y marginados porque ese era el proyecto de Dios. Ese compromiso lo llevó a la muerte, pero el poder de Dios lo resucitó a una vida gloriosa y reivindicó su obra de liberación. Participar de la salvación de Dios significa tomar parte en la obra liberadora de Jesús y en el compromiso con todos los necesitados de la tierra.

La salvación desde una perspectiva de liberación exige que los seguidores de Jesús hagan las mismas cosas que Él hizo. El seguidor fiel se comprometerá activamente con las cuestiones sociales y con las estructuras de la sociedad, especialmente cuando la sociedad defraude al débil, al pobre y al oprimido. Al obrar así, el creyente entra al proceso de salvación comenzado por Jesús y aguarda la plenitud de esa liberación en la resurrección. La resurrección permanece como la esperanza última de vencer a los poderes terrestres del mal. Tal como el teólogo de la liberación Leonardo Boff dice en su libro titulado *Jesús el Liberador*: "Todo esto entró en el mundo a causa del comportamiento de Jesús, que sacudió al hombre en sus raíces, poniendo el principio 'esperanza' y haciéndole soñar con el reino, que no es un mundo totalmente distinto de éste, sino éste mismo, totalmente nuevo y renovado" (p. 109).

Esta nueva visión de Jesús y de la salvación recibió cierta confirmación de parte del Papa Pablo VI, aunque no con la misma urgencia política que muestran los teólogos de la liberación:

> Como núcleo y centro de su Buena Nueva, Jesús anuncia la salvación, ese gran don de Dios que es liberación de todo lo que oprime al hombre, pero que es sobre todo liberación del pecado y del maligno, dentro de la alegría de conocer a Dios y de ser conocido por Él, de verlo, de entregarse a Él. Todo esto tiene su arranque durante la vida de Cristo y se logra de manera definitiva por su muerte y resurrección; pero debe ser continuado pacientemente a través de la historia hasta ser plenamente realizado el día de la venida final del mismo Cristo, cosa que nadie sabe cuándo tendrá lugar, a excepción del Padre. (*EN*, 9)

La mayoría de los documentos oficiales de la Iglesia no se han interesado en la "imagen de Jesús" propia de la teología de la liberación; sino que ponen más cuidado en cuestiones relativas al compromiso de la Iglesia en la sociedad (doctrina social), compromiso que es promovido de forma muy decidida por la agenda de la teología de la liberación. Un comentario se ha externado, pero es una simple advertencia contra las tendencias que ven a Jesús en términos puramente políticos[1].

Otra versión de una teología de salvación que incluye la dimensión presente y futura, afirma que Jesús no solamente "muere" por nuestra salvación, sino que su vida entera nos enseñó un nuevo sentido del ser "humano". Somos salvados precisamente por participar plena y completamente de la humanidad de Jesús. El significado de esta perspectiva es que Jesús hace algo más que compartir nuestra humanidad; también la transforma a con el ejemplo de su propia vida.

Aquellos que creen en Jesucristo deben repensar lo que significa ser un ser humano a la luz de la historia de la vida de Jesús, conocida a partir de los evangelios. Lo que ordinariamente asumimos al definir como "humanidad", desde nuestra herencia cultural o desde nuestro aprendizaje intelectual contemporáneo, no es suficiente. El ejemplo de la vida de Jesús muestra que los seres humanos son creados para buscar el amor de Dios, en el servicio y el compromiso con los demás, al obrar así, consuman su salvación (ver Filipenses 2:12–13). Los misterios de la vida histórica de Jesús, referidos en el capítulo 2, se convierten en momentos capitales para entender la manera de apropiarnos la salvación que Jesús nos ganó. Asumir esta visión, finalmente nos guiará a la cruz de la fidelidad sufriente. En razón de la gratuidad y la promesa de Dios, los cristianos creen y buscan el Reino de Dios como la plena realización de la salvación, por y a través de este santo misterio.

Esta perspectiva de la fe cristiano católica fue claramente enunciada a toda la Iglesia y al mundo en la *GS*:

> El que es "imagen del Dios invisible" (Colosenses 1:15), es también el hombre perfecto, que ha devuelto a la descendencia de Adán la semejanza divina, deformada por el primer pecado. . . nos dio ejemplo para seguir sus pasos y, además abrió el camino con cuyo seguimiento, la vida y la muerte se santifican y adquieren nuevo sentido" (22).

De una manera semejante la Comisión Teológica Internacional alentó la profundización de esta perspectiva.

Jesucristo es el hombre perfecto. Él es. . . . el sacramento de la nueva humanidad. La vida de Cristo nos proporciona una nueva comprensión tanto de Dios como del hombre. Del mismo modo que "el Dios de los cristianos" es nuevo y específico, así también "el hombre de los cristianos" es nuevo y original."

(*CSC*, III. C.5)

Más aún, la comisión reconoció que este nuevo modo de pensar acerca de la obra de Cristo y de nuestra salvación en Cristo puede tardar en volverse familiar.

La concepción de la vida humana que se deduce de la de Cristo no puede en un primer momento sino chocar. Y por eso es por lo que reclama una conversión total del hombre, no solo en sus principios, sino en toda su continuidad y, por la perseverancia hasta el fin. Tal conversión solo puede nacer de la libertad que ha sido remodelada por el amor.

(*CSC*, III. C.5).

Esta nueva manera de abordar el conjunto de la cristología ofrece oportunidades fructíferas para el crecimiento en la fe. Los creyentes consiguen darse cuenta de que Jesucristo los desafía a que examinen su propia auto comprensión como seres humanos, pidiéndoles que lo sigan realmente, y así reciban la salvación que les ofrece.

Cristología y teología

Dado que la reflexión de fe en lo que Jesucristo era y en lo que ha realizado continuó desarrollándose hasta lograr articularse más claramente en la Iglesia, era necesaria una fuerza que condujera todo ese proceso, tal papel lo desempeña la disciplina llamada teología. La teología como una ciencia, o un sistema organizado de pensamiento, comienza cuando los pensadores aplican un método integral de exploración teológica, que bien puede ser un sistema sociológico o filosófico a las creencias de la tradición cristiana. Los propósitos de esta forma disciplinada de pensar son definir más claramente el lenguaje religioso, ver y explorar las relaciones recíprocas de las diferentes creencias, aclarar contradicciones y confusiones, extraer el significado implícito de aquellas creencias que no parecen ser evidentes a primera vista. Los creyentes de cada época lo han hecho. San Pablo y Juan el evangelista aplicaron la teología cuando atribuyeron diferentes títulos para identificar a Jesús. San Justino mártir estaba haciendo teología cuando trató de comprender la universalidad de Jesucristo a través de la estructura de la filosofía platónica. Todos los que participaron en los grandes concilios ecuménicos, como San Atanasio en Nicea, buscaron clarificar y expresar adecuadamente su fe en Jesucristo.

La historia de la teología sistemática cristiana comenzó en la parte más oriental en los siglos II y III. Los cristianos, especialmente, los que provenían del contexto cultural y filosófico griego, se abocaron a tratar de organizar sus creencias cristianas en orden de importancia, una preocupación vital para una personas que culturalmente daban primacía a un pensamiento jerárquico y sistemático. Tal vez la mejor representación de este esfuerzo fue el del pensador cristiano de Alejandría, llamado Orígenes (cerca del 185–253). En su libro, *Sobre los principios,* tomó la estructura de la filosofía platónica tradicional como un modelo para organizar las creencias cristianas de su época.[2] Al hacerlo, proporcionaba un método para que los cristianos educados en la cultura griega comprendieran el conjunto de la fe cristiana como un sistema integrado que pudieran comprender más claramente y que les sirviera a la vez, para explicar la fe cristiana a los demás. La teología ha continuado siendo desde entonces una parte vital de la vida de los cristianos católicos, una herramienta básica en el desarrollo y la puntualización de expresiones sucesivas de la creencia básica en Jesucristo. Al paso de los siglos una amplia variedad de cristologías se desarrollaron dentro de la tradición cristiana, como las cristologías ascendentes y descendentes descritas en el capítulo anterior.

Aún cuando las teologías muestran una variación considerable, algunas características distintivas marcan a aquellas que designamos como cristiano católicas. En primer lugar, la fe es la respuesta a la revelación, es entendida como una realidad compleja que afecta todos los aspectos de la vida. Por tanto, la teología lucha y dialoga con el espectro total de la vida humana: la política, el arte, la cultura, la vida diaria, la música. Segundo, una teología cristiana-católica necesariamente incluye una meditación sobre la Escritura. Los libros sagrados contienen el principio de nuestra fe y presentan los primeros ejemplos de una genuina fe cristiana en acción. Tercero, la teología se construye sobre la vida de la Iglesia; la comunidad es algo esencial a la fe católica. La revelación se conoce y transmite por el paso de la historia viva de la Iglesia. El culto activo de la comunidad de fe moldea decisivamente sus creencias. El antiguo proverbio *Lex orandi lex credendi* (La ley de la oración forma la ley de la fe), ofrece un testimonio elocuente de esta característica. Cuarta, la teología cristiana-católica valora el pensamiento crítico. El respeto básico por la vida humana continúa siendo algo fundamental para el catolicismo. Finalmente, la teología deberá trabajar a favor de un compromiso al servicio del pueblo de Dios.

El ambiente religioso moderno ofrece un conjunto pletórico de conceptos académicos y populares sobre Jesús. Algunas de estas teologías siguen las características de la teología cristiana-católica y otras no. Tratar de examinar y de evaluar a las miles de teologías, puede ser bastante confuso e intimidante, no sólo para el creyente promedio, sino en ocasiones también para el ministro de pastoral. La sección siguiente se ocupa de estas cuestiones.

Algunas preocupaciones modernas

Muchas cristologías modernas continúan desarrollándose hasta nuestros días conectando la figura de Jesucristo con todos los aspectos de la religión y la sociedad. Frecuentemente estas nuevas ideas desafían las creencias tradicionales del cristianismo católico. A fin de ofrecer algunas directrices, la Comisión Teológica

Internacional, un cuerpo consultivo de la Congregación para la Doctrina de la Fe, ha divulgado varios documentos en el último cuarto de siglo tratando los asuntos particulares de estas diferentes cristologías. A continuación ofrezco un resumen de dichas directrices:

1. Es importante conservar el equilibrio al presentar la humanidad y la divinidad de Jesús. Ambas dimensiones necesitan expresarse con claridad. En particular, la creencia en que la persona eterna del Hijo de Dios realmente asumió la humanidad de Jesús no deberá ser menospreciada favoreciendo en cambio a la persona humana de Jesús, como simple revelador de Dios (ver Congregación para la Doctrina de la fe, "Cristo, la Trinidad y la Teología actual).

2. El vínculo específico entre el Jesús terrestre y el Cristo glorificado no deberá ser descuidado. La estructura misma del Nuevo Testamento, en particular los evangelios mismos, muestran a la vez y al mismo tiempo al Jesús histórico que fue resucitado y glorificado por el Padre (ver *CSC,* III.B.4).

3. El lenguaje de los primeros concilios ecuménicos de la Iglesia que se refiere a Jesucristo como "persona" y "naturaleza", necesita conservarse. Sin embargo, el significado de estos términos se comprende frecuentemente de manera muy diferente en el pensamiento y el lenguaje moderno, y esa diferencia deberá ser percibida (ver *CSC,* IV.B).

4. Algunas cristologías modernas no han presentado adecuadamente la conexión esencial entre la cristología y la voluntad salvadora de Dios. El ministerio de Jesús no fue simplemente "para esta tierra". Toda su vida y muerte fueron encaminadas a la salvación de todos los pueblos y específicamente a una salvación que se extiende más allá de esta vida presente (ver *CSC,* IV.B).

5. El efecto del Espíritu Santo en la vida humana de Jesús forma un elemento esencial de la cristología, frecuentemente descuidado en el presente. El Espíritu de Dios guía a Jesús en su vida y vive con Él en todos los hechos principales de su ministerio. Un

conocimiento progresivo de este punto ofrece una base sólida para una moral cristiana que tome su inspiración desde la vida real de Jesús (ver *CSC*, V.A.)

6. La presentación de la cristología siempre necesita colocarse en el contexto de su relación con las otras creencias básicas de la fe cristiana, especialmente con el conocimiento y la revelación del Dios trino y con la comprensión básica de lo que esto significa para el ser humano. La cristología conduce directamente a la fe trinitaria, "la economía de Jesucristo revela al Dios trino" (ver *TCA*, 1.C.1.).

Este breve resumen de las directrices a tener en cuenta en la presentación de la cristología nos conducirá de nuevo a la importancia de una perspectiva más completa.

NOTAS

1   Congregación para la Doctrina de la Fe. *Instrucción sobre ciertos aspectos de la Teología de la Liberación* (México: Dabar, 1984): 27–28.

2   G. W. Butterworth, trans., *On First Principles* (Magnolia, MA: Meter Smith, 1991).

RESUMEN

Creer que toda la humanidad y toda la creación ha sido salvada y redimida en y por Cristo tiene muchas explicaciones en la historia de la Iglesia. Las declaraciones centrales del concilio de Trento han tenido que mantener un diálogo con el ecumenismo moderno. El surgimiento de la teología como una forma disciplinada de pensamiento contribuyó grandemente al desarrollo de la cristología. La teología del siglo XX continuó encontrando nuevas formas de expresar la salvación alcanzada en Cristo.

Para reflexionar

1. ¿Cuáles son algunos de los factores culturales que podrían afectar a la teología cristiana actual, particularmente lo referido al concepto de la salvación?

2. Examina en las formas de expresión del lenguaje actual cómo ha cambiado la relación entre Dios y la creación a causa de Jesús.

3. En un salón de clases de nuestro tiempo, ¿cuáles son las preguntas más comunes que surgen en torno a Cristo?

Capítulo 5

Imágenes de Jesucristo en la espiritualidad católica

Hasta ahora hemos estado considerando la doctrina básica de la Iglesia católica acerca de Jesucristo. "Doctrina" hace referencia a las creencias o convicciones fundamentales que ofrecen un fundamento, u ofrecen una estructura, para una presentación más amplia y profunda del misterio de Dios que se encarna. Sin embargo, conocer a Jesucristo implica mucho más que sostener algunas convicciones, significa entrar en una relación viva —el corazón y núcleo de la espiritualidad y la oración— con el Señor que inspira a sus seguidores como "el camino, la verdad y la vida" (Juan 14:6). Las personas que creen profundamente necesitan y quieren algo más que convicciones intelectuales; desean una expresión viva, visual y concreta de una persona real a la cual pueden sentir y experimentar y que nutra una relación amorosa. Así, cualquier cristología completa también debe considerar las muchas "imágenes de Jesús" existentes a lo largo de los siglos de tradición católica, de igual manera, deberá buscar una imagen apropiada de Jesús para nuestro tiempo.

El significado de una imagen

Una "imagen" de Jesucristo implica algo más que una afirmación significativa acerca de su identidad o de sus realizaciones salvíficas. En sentido amplio, una imagen funciona como un símbolo complejo que funde comprensiones intelectuales, respuestas emocionales, estilos relacionales y muchas cosas más. Una imagen de tal amplitud generalmente incluye algunos rasgos visuales específicos, que concretan una apariencia de Cristo adecuada a un ambiente circundante y con la cual las personas se relacionan. Una imagen de Cristo encarna la estructura básica de una creencia cristológica y crea una figura humana más completa. Así, "una imagen de Cristo" sobrepasa la dimensión doctrinal y añade unos elementos específicos que moldean una imagen concreta de Jesús.

Frecuentemente, estos elementos adicionales surgen de las preocupaciones personales y emocionales de los creyentes. Estas imágenes nos transmiten la manera como el pueblo comprende su relación básica con Cristo y con los demás. Una imagen en particular, frecuentemente enfatiza uno o dos principios particulares de la fe cristológica en mayor medida que los demás, no es que omita a los demás, sino que se ocupa de ellos de forma más superficial. Una imagen de Cristo incluirá normalmente elementos materiales familiares a la cultura de la persona; este material ayuda a completar el cuadro y le imprime cualidades de la vida real. En razón de su dimensión relacional y personal, las imágenes tienden a desarrollar y acentuar alguna forma particular de oración, alguna forma en la que las personas se relacionan regularmente con Cristo, que es el objeto de adoración y devoción.

Un ejemplo digno de consideración es el Sagrado Corazón, el cual funciona maravillosamente como una "imagen de Cristo" moderna. El Sagrado Corazón representa a Jesucristo en tanto Dios y hombre y es una imagen que afirma la fe cristológica básica de la Iglesia Católica. Sin embargo, el enfoque particular que subraya es el del amor infinito de Dios mostrado por el amor humano de Cristo. Este amor aparece visualizado en pinturas, estatuas, y en estampitas del Sagrado Corazón, usualmente es pintado como un Jesús simpático y cariñoso que exhibe en su regazo un corazón visible. El corazón con frecuencia "arde" con el amor divino, lanza rayos de fuego alrededor de Jesús. Las emociones que evoca en el creyente incluyen el amor recíproco por Dios y por Cristo demostrado por medio de de la oración y los actos de reparación por los muchos pecados y ofensas en el mundo. Este amor se empeña en continuar amando pese a la ingratitud. La devoción y las oraciones tradicionales al Sagrado Corazón, incluyen la recepción frecuente de la comunión por parte de los creyentes, especialmente los viernes primeros de cada mes. Los escritores de devociones compusieron muchas oraciones y actos de consagración al Sagrado Corazón formuladas en un estilo muy emotivo. El siguiente es un ejemplo típico:

> Me entrego y al Sagrado Corazón de nuestro Señor
> Jesucristo, consagro sin reservas, mi persona, mi

vida, mis obras, mis dolores y sufrimientos. Este es mi propósito inmutable: ser enteramente suyo y hacer todas las cosas por su amor. Al mismo tiempo renuncio de todo corazón a todo aquello que le desagrade.

Sagrado Corazón de Jesús, quiero tenerte como único objeto de mi amor. Sé pues, mi protector en esta vida y garantía de la vida eterna. Sé fortaleza en mi debilidad e inconstancia. Sé propiciación y desagravio por todos los pecados de mi vida. Corazón lleno de bondad, sé para mí el refugio en la hora de mi muerte y mi intercesor ante Dios Padre. Desvía de mí el castigo de su justa ira. Corazón de amor, en ti pongo toda mi confianza. De mi maldad todo lo temo. Pero de tu amor todo lo espero. Erradica de mí, Señor, todo lo que te disguste o me pueda apartar de ti. Que tu amor se imprima tan profundamente en mi corazón que jamás me olvide yo y que jamás me separe de ti.

Señor y salvador mío, te ruego, por el amor que me tienes, que mi nombre esté profundamente grabado en tu corazón; que mi felicidad y mi gloria sean vivir y morir en tu servicio. Amén.

(Christopher, The Raccolta, p. 180).

La imagen del Sagrado Corazón se ha propagado durante muchos años en amplios círculos en la Iglesia Católica. Ciertamente concretiza la doctrina cristológica básica de la Iglesia, pero su trasfondo cultural también integra temas adicionales. La devoción y la imagen del Sagrado Corazón muestran un gran énfasis en la reparación, dicho énfasis se originó a partir de las guerras de religión que sufrió Europa (cerca del 1560–1650) y se propagó con las revelaciones a Santa Margarita María Alacoque. Las respuestas religiosas que suscitaba esta imagen de Cristo invitaban a responder principalmente con la oración y con actos personales de reparación. La imagen en su conjunto pone poco énfasis en la misión, el servicio o la evangelización y puede convertirse en algo muy privado. Aspectos muy importantes de la vida y la enseñanza de Jesús no son tomados en cuenta por esta imagen en particular. Cuando se evalúan las imágenes de Cristo, es importante fijarse por igual en lo que se enfatiza y en lo que se omite. Este análisis regresará posteriormente a este punto.

Al examinar las imágenes de Jesucristo, nos adentramos al terreno de la espiritualidad, un área que está más allá del credo y de la teología y que generalmente no es tratada en las cristologías técnicas. Sin embargo, esta separación desvincula a la cristología de la religión de "carne y hueso" de las personas. Démonos un momento para distinguir y relacionar la doctrina y la espiritualidad como elementos de la expresión total de la fe cristiana-católica.

La doctrina, como lo mencionamos anteriormente, se refiere a la fe básica y a las convicciones de fe; la doctrina formula lo que la fe afirma que debe creerse. Los credos, que simbolizan el producto final de las doctrinas formuladas, son una colección de creencias que deben aceptarse definitivamente por la Iglesia como la expresión más clara de su fe.

La espiritualidad, por otro lado, se ocupa de la vivencia práctica de esa fe en los ambientes concretos de la vida diaria. La espiritualidad afecta la forma y el modo como la fe universal se vincula a un tiempo y un espacio particulares. La espiritualidad evita la descripción exacta, y no obstante incluye los siguientes puntos: 1) un esfuerzo deliberado y consciente de la persona 2) integra las convicciones de su fe en el tejido completo de la vida real a través de una variedad de oraciones, prácticas devocionales, expresiones artísticas y actividades prácticas 3) en vistas a enriquecer su vida y a practicar más profundamente su fe dentro de una terminología más específicamente religiosa, la espiritualidad busca una cercanía sensible con Dios y una experiencia real de lo divino que afecte profundamente a la persona concreta. Las diferentes imágenes de Jesucristo a lo largo de la historia ofrecen ejemplos fundamentales de la espiritualidad en acción. La espiritualidad une toda nuestra personalidad y unicidad histórica, los hechos y la historia que vivimos, así como nuestros ambientes vitales. Normalmente la espiritualidad absorbe expresiones culturales de la sociedad en que vivimos. Las personas se apropian de lo que conocen, de aquello con lo que se sienten cómodos y consideran valedero. La espiritualidad une emociones, actitudes, ideas en imágenes y símbolos complejos.

Las formas concretas para expresar la espiritualidad (oración, prácticas devocionales, actividades propiamente religiosas, y otras tantas), difieren enormemente de acuerdo a las circunstancias de la cultura, de la vida de las personas y de otros aspectos particulares de la fe, que el individuo considere más importantes y modificables. Así, la espiritualidad puede variar definitivamente según los grupos de edad, género, etnia o estado civil. El verdadero núcleo de la espiritualidad siempre es difícil de identificar, porque reside en ese interior que emerge y que se verifica en lo más profundo del corazón humano.

Continuemos ahora examinando una serie de imágenes importantes de Jesús en la historia cristiana-católica.

Imágenes de Jesús

Una de las primeras imágenes influyentes de Jesucristo lo presentó como el Verbo encarnado de Dios. Durante la época Patrística de la Iglesia (cerca del 200 al 500) se convirtió en la imagen más influyente. Esta imagen también fue decisivamente modelada por la influencia de la cultura grecorromana. El tremendo poder de la filosofía griega yacía en la alta estima del poder de la razón (pensamiento) y en la importancia de la universalidad. Para las personas de esta emocionante cultura, la imagen de Jesucristo tenía que encarnar estos valores. Gradualmente, los mismos cristianos comenzaron a imaginar a Jesús bajo la misma perspectiva. Llegaron a reverenciar enormemente la imagen de Jesucristo como el Verbo encarnado (Logos) de Dios, es decir, el Logos que habita en todas las cosas, en todas las personas, como un poder racional y un principio de orden. San Atanasio, uno de los más grandes obispos y maestros de la Iglesia primitiva, lo expresó de esta manera:

> Viendo entonces que toda la naturaleza creada, en cuanto a lo que concierne a sus propias leyes, es pasajera y está sometida a la disolución, para que esto no ocurra y para que el universo no sea otra vez despedazado en la nada, por esta razón Él [Dios Padre] hizo todas las cosas a través de su Palabra eterna, y dio una existencia sustantiva a toda la creación, y más aún, no permitió que fuera sacudida por una tempestad en el desarrollo de su propia naturaleza; para que no corra una vez más el riesgo de salirse de la existencia; sin embargo, puesto que Él es bueno, guía y acomoda toda la creación por su propia Palabra, la cual es el mismo Dios, para que por su gobierno y providencia y la acción ordenadora de la Palabra, la creación pueda tener luz y sea capaz de mantenerse siempre con toda seguridad.
>
> ("Contra los paganos", 41)

Esta imagen pone el énfasis en Jesús, Hijo de Dios y por tanto en la naturaleza divina de Cristo. La humanidad de Jesús recibe poco énfasis porque su humanidad recordaba a aquellas gentes la limitación y los aspectos temporales de Jesús. El verdadero acento recaía sobre Cristo como salvación para todo el mundo. La humanidad de Cristo permaneció como algo necesario para llegar a conocer al Logos, pero la humanidad de Jesús no recibía una atención equiparable.

En conexión con esta imagen existió un estilo de oración muy diferente al que la mayoría de las personas conocemos y practicamos en la actualidad. Ese tipo de oración se fijaba mucho en la meditación intelectual y exigía una concentración profunda y un pensamiento muy sólido; el mundo grecorromano valoraba los valores filosóficos de la razón, el orden y la sistematización. San Agustín nos ofrece un buen ejemplo de este tipo de oración.

Aprendí también algo que repetidamente y de varias maneras se dice en aquellos escritos: que *el Verbo tiene la forma del Padre y no tuvo por usurpación la igualdad con Dios, ya que es la misma substancia con Él;* pero esos libros nada dicen sobre que el Verbo *se anonadó a sí mismo tomando la forma de siervo, se hizo semejante a los hombres y fue contado como uno de ellos; se humilló hasta la muerte, y muerte de cruz, por lo cual Dios lo levantó entre los muertos y le dio un Nombre que está sobre todo nombre, para que al Nombre de Jesús toda rodilla se doble en los cielos, en la tierra y en los infiernos, y para que todo hombre confiese que el Señor Jesús está en la gloria de Dios Padre.*

(*Confesiones*, pp. 123–124).

La imagen de Jesucristo como la Palabra de Dios encarnada continuó siendo muy importante durante varios siglos. Aunque no fue la única imagen que floreció en la era patrística, nutrió a muchos de los grandes maestros y escritores eclesiásticos de la época. Los frutos de tales meditaciones influenciaron fuertemente el desarrollo de las doctrinas cristológicas consideradas en el capítulo 3.

Varios siglos después una imagen muy diferente de Jesucristo, el Novio divino del alma, se convirtió en el punto central de la espiritualidad de muchos creyentes. Esta imagen prevaleció durante los siglos XI y XII después de que una nueva sensibilidad cultural había tomado forma en el norte de Europa. El mundo de la antigüedad clásica había desaparecido; las invasiones germánicas y la subsiguiente conversión de aquellos pueblos fue seguida por siglos de inestabilidad social y política. Finalmente, una nueva síntesis cultural surgió—el florecimiento de la Europa medieval—y hacia el año 1050, muchas personas estaban buscando una nueva armonía y una cordialidad renovada en la humanidad. Este ambiente cultural produjo una imagen de Jesucristo como un cónyuge ardiente, que era cálida y apasionada para el creyente concreto.

La imagen de Cristo como el novio divino transmite fuertes cualidades afectivas. Jesús es considerado como un amigo y como el amante divino. En esta tradición ocurren algunas de las primeras y más finas expresiones de la amorosa maternidad de Jesús (los santos Anselmo, Bernardo, Aelredo, Hildegarda y Gertrudis). La imagen del Novio divino invita al creyente a responder de forma altamente emocional. Afirma a la vez la humanidad y la divinidad de Jesús, pero busca una expresión más fuerte de Jesús como el amante divino que busca el amor de los corazones humanos. Esta imagen hace poco énfasis en la psicología humana de Jesús, en la historia particular de su vida o en su trasfondo cultural judío.

La imagen del Novio divino exige un estilo único de oración. Esta oración se vuelve dialogal, de persona a persona, como lo son las cartas o las reflexiones íntimas a un amigo. Una oración de San Anselmo demuestra la intimidad palpable de este acercamiento.

> El más amable, el más gentil, el más sereno Señor,
> ¿no me recompensarás por no ver
> la bendita incorrupción de tu carne,
> por no haber besado el sitio de tus heridas
>   donde los clavos perforaron,
> por no haber regado con lagrimas de alegría
> las cicatrices que demuestran
>   la verdad de tu cuerpo?
> ¡Ay de mí, Señor, ay de mí, alma mía!
>
>   (Ward, *The Prayers and Meditations*
>   *of Saint Anselm,* pp. 153, 155)

La imagen de Cristo como el Novio divino del alma fue también muy apreciada por muchas de las místicas de la Europa medieval y les inspiró las oraciones supremas de devoción personal. Gertrudis de Helfta se dirige así a Cristo en una oración:

> Tú eres el abismo rebosante de divinidad,
> oh el más digno rey de reyes,

supremo emperador
príncipe ilustre
gobernante de dulzura infinita,
fiel protector,
tú siempre eres la joya vivificante
   de la nobleza humana,
artesano de gran habilidad,
maestro de infinita paciencia,
consejero de gran sabiduría,
el más fino guardián,
el amigo más fiel,
tú eres el sabor delicado de íntima dulzura,
oh el más delicado acariciador
la pasión más gentil
el amante más ardiente,
el esposo más dulce
el más puro conquistador.

(Como es citado en Bynum, *Jesus as Mother: Studies in the Spirituality of the High Middles Ages*, pp. 187–188).

Esta imagen de Cristo reconocía su divinidad, pero, la veía revelada en una humanidad que buscaba fervientemente una relación amorosa con cada alma. La gestación de este vínculo en un amor expresivo se convirtió en el sello distintivo de una espiritualidad mística que nutrió la vida de muchos santos del medioevo.

Dando un salto de más de doscientos años, encontramos una tercera imagen de Jesucristo muy diferente de las dos anteriores: la del Salvador sufriente y crucificado. El mundo social de la unidad medieval se había colapsado desde los inicios del siglo XIV; no existía una fundamentación confiable de la sociedad, y la ansiedad llenaba la vida de las personas. El siglo XIV todavía tenía que vivir otros sucesos traumáticos aun mayores– el autoexilio que se impuso el papa en Avignon; la peste negra que exterminó a una tercera parte de la población de Europa occidental; la guerra de los cien años entre Inglaterra y Francia– los cuales demostraron la inseguridad de las instituciones humanas, la brutalidad de la vida y la dolorosa realidad de la muerte inminente. Esta edad conoció grandes sufrimientos físicos, muertes atroces, y mucha desesperación psicológica. Para tratar con estos traumas, apareció la imagen de Jesús sufriente, como el salvador crucificado. No obstante que él era Dios y hombre, se colocó el énfasis en el salvador que podía identificarse con el dolor humano y a la vez podía salvarnos.

En esta imagen, Jesús apareció visiblemente como un hombre en una cruz, destrozado, desagarrado y sangrante. Mostraba de forma muy viva a un Jesús quebrantado, con la piel cubierta de sangre y pintado como alguien que tenía conciencia de estar a punto de morir. Para las personas de esa época, Jesús sufrió el dolor físico y la angustia; y al igual que ellos vivió muy de cerca la presencia de la muerte. El retrato de este hombre sufriente y agónico se convirtió en algo vivo y realista, y en ocasiones hasta en algo grotesco. Los escritores espirituales se concentraron en los relatos bíblicos de la pasión de Cristo (fue desnudado, burlado, golpeado y clavado) y aplicaron todas esas humillaciones a la vida humana. Las devociones a la cruz, al divino rostro, a las heridas y la sangre fueron en ascenso dentro de la espiritualidad.

El tipo de oración asociado a la imagen del Salvador crucificado y sufriente tenía en ciertas ocasiones la calidad de una súplica sincera, en otras, era una simple mirada al dolor de Jesús, con la conciencia de que él también sentía el nuestro. Este vínculo no rebosaba de la cercana calidez de Novio divino o del estímulo intelectual de la Palabra encarnada. Las meditaciones sobre las heridas de Cristo y sobre su muerte, como las letanías, el vía crucis, y el *Dies Irae* fueron compuestas por muchos creyentes, y todas estas meditaciones reflejaban la imagen de Jesús como nuestro salvador sufriente y crucificado. Tal vez el sabor de esta oración fue captado de forma más precisa por las palabras del "Stabat Mater" un gran himno de comienzos del siglo XIV:

> La Madre piadosa estaba
> junto a la cruz, y lloraba
> mientras el Hijo pendía;
> cuya alma triste y llorosa,

traspasada y dolorosa,
fiero cuchillo tenía.

¡Oh cuán triste y afligida
estaba la madre herida,
de tantos tormentos llena,
cuan triste contemplaba
y dolorosa miraba
del Hijo amado la pena!

¿Y cual hombre no llorara
si a la Madre contemplara
de Cristo en tanto dolor?
¿Y quien no se entristeciera,
Madre piadosa, si os viera
sujeta a tanto rigor?

Por los pecados del mundo
vio a Jesús en tan profundo
tormento la dulce Madre
Vio morir al Hijo amado
que rindió desamparado
el Espíritu a su Padre.

(Tomado del *Leccionario III,* p. 126)

En una época en que la gente necesitaba una imagen de Cristo que pudiera "relacionar" con su dolor y desesperanza, la imagen del Salvador sufriente y crucificado, les comunicó el conjunto del mensaje evangélico. De una u otra manera esta imagen siempre ha estado presente en la Iglesia; las personas de cada época, tiempo y región, han redescubierto una y otra vez este tema.

Consideraremos una última imagen de Jesucristo propia de la espiritualidad católica: el Divino salvador. Esta imagen surgió durante el tiempo de la Contrarreforma, es decir, la reacción católica a la Reforma protestante (cerca del 1600–1700). Los cristianos protestantes habían atacado la política y la práctica católica romana, afirmando una diferencia radical entre la imagen sencilla de Jesús en el Nuevo Testamento y la Iglesia católica, que se había convertido en una institución rica y poderosa. En la mente de los cristianos protestantes, los católicos no podían llamarse verdaderos cristianos. En consecuencia, la reacción católica imaginó a Jesucristo como el Divino Salvador que vino a la tierra en forma humana con un plan divino: establecer una Iglesia, la Iglesia católica romana. Los elementos claves de esta imagen de Cristo giraban alrededor del establecimiento de esta Iglesia: Jesucristo designó pastores (apóstoles, obispos) para que fueran los guías; enseñó doctrinas (los dogmas de la Iglesia) para que fueran vividas; e instituyó los sacramentos (los siete) para dar fortaleza espiritual.

Las cualidades del Divino Salvador favorecían decididamente la divinidad de Jesucristo. Para realizar su plan, el Salvador siempre estaba tranquilo, sereno, manteniendo desde la cima el control de cualquier situación, conociendo los pensamientos de los demás, realizando siempre y decididamente, su obra de salvación. Todas las cosas apuntaban directamente al establecimiento de la Iglesia católica. Esta imagen no insistía en la psicología humana de Jesús, en su relación con su propia vocación y ministerio, o en los hechos de su vida, como misterios que podamos imitar.

En particular, las oraciones al Divino salvador eran, las oraciones oficiales a Cristo como Dios, al que nos ha salvado al establecer la Iglesia con todo lo que ella posee. Por encima de todo, Cristo era venerado en el Santísimo Sacramento. Las oraciones tradicionales a María, también se asociaron con esta imagen, porque las oraciones dirigidas a María, la persuadían para que intercediera ante su divino Hijo.

Hemos considerado cuatro imágenes importantes de Jesucristo dentro de la Tradición católica. Podrían haberse examinado muchas otras. Tomadas en su conjunto, muestran vivamente como el único cuerpo de la fe, da lugar a muchas expresiones prácticas (esto en razón de la vinculación a los diferentes ambientes concretos donde viven las personas). Estas cuatro imágenes de Cristo han sido muy válidas e influyentes dentro de la tradición católica, y todas ellas probablemente, todavía resuenan en el presente en algunos creyentes. No existe nada equivocado en esto; cada imagen puede funcionar adecuadamente en la vida de algunos creyentes actuales.

Cristología y espiritualidad

El conocimiento de las imágenes de Jesucristo es importante para la evangelización y la catequesis. Las imágenes de Jesús necesitan una conexión con las enseñanzas oficiales de la Iglesia acerca de Jesucristo. El liderazgo pastoral tiene como una tarea, vincular efectivamente la doctrina católica con las imágenes más reales de Jesucristo, que predominan en la vida de las personas en este tiempo. Estas imágenes ayudan a las personas a entrar en una relación personal, viva y orante con Cristo. Como dice Alyward Shorter en *Toward a Theology of Inculturation*:

> El resultado final de la evangelización —la proclamación del evangelio de Jesucristo— consiste en capacitar al evangelizado para que reconozca la presencia de Jesucristo en su propia vida, tanto en lo individual como en lo comunitario. . . . el que es evangelizado está capacitado para tener un encuentro transformador con el Señor crucificado y resucitado. (p. 61)

Si los ministros quieren ser efectivos, deberán interesarse en examinar y evaluar las imágenes de Cristo que las personas veneran. Las imágenes de Cristo se van formando en la vida de las personas, contienen normalmente un material fuertemente emotivo y una percepción cultural que sale al encuentro de las necesidades personales del individuo. Sin embargo, no todos los aspectos de la imagen de Cristo que las personas veneran, pueden corresponder a la verdad histórica de Jesús, ni siempre son una reflexión adecuada de las enseñanzas de la Iglesia sobre otras cuestiones religiosas. Por tanto, una tarea muy importante, es ayudar a las personas, tanto a los niños como a los adultos, a establecer un diálogo entre tres perspectivas: su imagen de Cristo; la doctrina de la Iglesia acerca de Cristo; y lo que se conoce históricamente acerca de Jesús. *Jesucristo, Palabra del Padre*, preparado por la Comisión histórico-teológica para el gran jubileo del año 2000, habló sobre este asunto.

El misterio de Jesucristo es un elemento central en la piedad popular. El Cristo popular —en el nivel que sea comprendido o aún teológicamente distorsionado— es un Cristo vivido, escuchado, acogido, amado y seguido por los cristianos. Sin embargo, a pesar de lo desfiguradas y pobres que puedan ser las razones de esta devoción—frecuentemente la Santísima Virgen y los santos llevan la delantera—no obstante, este Cristo ilumina y sostiene la existencia de las personas como un todo, convirtiéndose en el portador y garante de sus valores más nobles y de sus aspiraciones más antiguas. . . . Esta cristología popular requiere una catequesis dirigida a una reevangelización que anuncie sin reducciones ni prejuicios la figura bíblica y eclesial de Cristo, verdadero Dios y verdadero hombre. (pp. 44–45)

En este diálogo pueden señalarse una serie de pasos variados y distintos. Primero, los ministros de pastoral deberán afirmar la necesidad de una imagen clara de Cristo en la vida de las personas. Las creencias de la gente común se convierten en algo más concreto y específico, de manera muy frecuente por medio de una respuesta devota a una imagen concreta. De esta manera el Evangelio adquiere relevancia y validez en su vida. Los ministros de pastoral necesitarán ejercer algún tipo de indulgencia, en relación a las imágenes de Cristo que encuentren en la vida de las personas. Los valores emocionales de las imágenes, sólo se modifican con mucha paciencia.

Segundo, el poder de cada imagen de Cristo deberá juzgarse en relación a la enseñanza doctrinal de la Iglesia acerca de Jesucristo y a las investigaciones bíblicas de la vida de Jesús. Haciéndolo así, en seguida podremos invitar a realizar ajustes posteriores a dicha imagen. Por ejemplo, sería muy fácil tener una visión excesivamente politizada de Jesús (como alguien entregado completamente a desafiar los poderes mundanos de esta tierra); o, con la misma facilidad; las personas podrían tener una visión apolítica de Jesús. La tarea consistirá en examinar

---

cuidadosamente lo que el estudio histórico nos revela acerca del compromiso del Jesús histórico, con los poderes sociales y políticos de su tiempo. La crítica histórica desempeña aquí un papel decisivo. Lo mismo podría decirse de una figura demasiado divina o de una imagen demasiado humana de Jesucristo. En todos estos casos, los catequistas y ministros de pastoral pueden ayudar a las personas, a que descubran la necesidad de enmendar una imagen particular.

Tercero, los ministros de la pastoral deberán ayudar a las personas a relacionar sus imágenes particulares de Jesucristo a un fin concreto en el servicio cristiano. Jesús vino a servir y a dar su vida por muchos; en la Última Cena dio a sus discípulos un ejemplo y un mandato muy específico, para que lo llevaran a cabo. Las personas necesitan examinar de manera concreta, la forma en que la imagen de Cristo los conecta a una misión concreta y a un servicio, y revisar la forma en que los guía y da fortaleza a lo largo del camino.

Finalmente, los ministros de la pastoral deberán ayudar a las personas a que relacionen sus imágenes de Cristo con sus formas de orar, a fin de que estos dos aspectos de una vida cristiana saludable, puedan nutrirse verdaderamente de forma recíproca.

RESUMEN

Las imágenes de Jesucristo abarcan un área más amplia que la doctrina de la Iglesia. Son expresiones entretejidas con las emociones e inquietudes de las personas; hacen inteligible a Jesús en los términos propios de la cultura en que viven las personas. Ciertas imágenes concretas también inspiran formas particulares de oración. Las imágenes pertenecen al terreno de la espiritualidad, la cual, también debe considerarse como el objetivo de una cristología total. La Palabra de Dios encarnada, el Novio divino del alma, el Salvador sufriente y crucificado, y Nuestro divino salvador, todas ellas, han servido como imágenes importantes de Cristo en los diferentes períodos de la historia de la Iglesia. Uno de los objetivos para todos los ministros de pastoral es combinar la doctrina fundamental de la Iglesia acerca de Jesucristo con imágenes que permitan a la gente relacionarse personalmente y orar intensamente con él.

PARA REFLEXIOΠAR

1. Identifica las imágenes de Cristo que están presentes actualmente en la Iglesia, en los hogares, en los medios populares, en la cultura, y en tu parroquia.

2. ¿Qué clase de significados encarnan estas imágenes de Cristo? ¿Te animan a hacer oración? ¿Te proporcionan algún tipo de conexión emocional o de dirección moral para la vida cristiana?

3. ¿De qué manera estas imágenes de Cristo se relacionan con la doctrina católica básica acerca de Él?

Capítulo 6

Cristo continúa con nosotros

U na de las creencias cristológicas más grandes del Nuevo Testamento sostiene que la presencia de Jesucristo permanece en medio de sus discípulos. "Porque donde están dos o tres reunidos en mi nombre, allí estoy yo en medio de ellos" (Mateo 18:20). "Y sepan que yo estoy con ustedes todos los días hasta el final de los tiempos" (Mateo 28:20). Esta convicción ha perdurado a lo largo de toda la tradición cristiana-católica. La creencia en la cercanía y en la proximidad de Cristo se expresa de diferentes maneras.

La presencia permanente de Cristo en la Iglesia

La afirmación más fuerte de esta creencia establece que Cristo está realmente presente en la celebración eucarística. El pan y el vino consagrados se convierten realmente en el Cuerpo y la Sangre del Señor, y durante la celebración, su presencia sacramental penetra en los creyentes de la forma más profunda posible. "El modo de presencia de Cristo bajo las especies eucarísticas es singular. Eleva la Eucaristía por encima de todos los sacramentos y hace de ella 'como la perfección de la vida espiritual y el fin al que tienden todos los sacramentos'" (*CIC* 1374).

Esta presencia, sin embargo, no constituye la única forma de presencia de Cristo en la Iglesia y en el mundo. Jesús se acerca a los creyentes de muchas maneras diferentes, durante toda la acción eucarística.

> Cristo está siempre presente en su Iglesia, sobre todo en la acción litúrgica. Está presente en el sacrificio de la Misa, sea en la persona del ministro, sea sobre todo bajo las especies eucarísticas. Está presente con su fuerza en los sacramentos, está presente en su Palabra, pues cuando se lee en la Iglesia la Sagrada Escritura, es Él quien habla. Está presente, por último, cuando la Iglesia suplica y canta salmos.
>
> (*Sacrosanctum concilium*, 7)

Los padres conciliares llamaron a los fieles católicos a reconocer también la presencia de Cristo en el sacerdote celebrante, en las lecturas de la Biblia, en toda la asamblea que ora, y en el pan y el vino consagrados. En realidad, estas múltiples presencias deberán fortalecerse y acentuarse recíprocamente.

Esta presencia y cercanía de Jesús en la vida continua de sus discípulos actuales, lo eleva por encima de la memoria y lo pone más allá de un simple suceso del pasado. Ciertamente vivió en un tiempo particular y en un lugar definido, pero esta presencia, el núcleo real de su ser, continúa verdaderamente con sus seguidores y fieles. Tal como lo afirma directamente la Plegaria Eucarística III para niños, "Él vive ahora junto a ti y está también con nosotros" (*Misal Romano*, página 909). Necesitamos explorar más plenamente este aspecto clave de la cristología católica.

En razón del uso común, tanto en el lenguaje popular religioso, como en el lenguaje técnico, el término *presencia* no transmite fácilmente una definición precisa. De hecho, cuando lo examinamos más detenidamente, *presencia* ofrece un espectro amplio de significados. Cuando hablamos de la "presencia de Cristo" o de la "presencia de Dios", hay que preguntar a qué clase de presencia nos estamos refiriendo. Este es un asunto crucial en la catequesis sobre el misterio de Jesucristo en medio de nosotros, necesita una exploración posterior, que nos conducirá hacia un pensamiento más técnico.

Normalmente, el sentido primero del término "presencia" que viene a nuestra mente, en el lenguaje de la mayoría de las personas actuales, refleja un significado fuertemente influenciado por el tenor psicológico de la época. Aquí la palabra admite la conciencia directa y la atención de "dos sujetos que interactúan", una especie de experiencia cara a cara. Esto ocurre cuando dos personas están personalmente conscientes de que interactúan entre sí, y están mutua e inmediatamente conscientes del vínculo que existe entre ellos. Llamémosla una clase de presencia personal, consciente y física. Adquiere un gran significado para muchas personas a causa de las implicaciones personales, del consuelo y el cuidado solidario que fácilmente lleva consigo. Ésta es la clase de presencia que muchos creyentes desean tener de Jesús y de Dios. Esta comprensión acerca de la presencia puede ejercer una poderosa fuerza en un ambiente religioso, pero también puede provocar problemas si funciona como la forma única de comprender la presencia religiosa que buscamos y conocemos. En este caso, las personas se pueden sentir confundidas y desalentadas si dicha presencia está ausente.

La palabra *presencia* también puede significar la presencia de cosas que puedo sentir, no como sujetos personales, sino como objetos. El reloj que está marcando los segundos sobre mi escritorio está presente ante mí, lo puedo ver, escuchar y tocar. El reloj posee delante de mí una simple presencia física. Este tipo de presencia no se toma demasiado en cuenta en la discusión religiosa actual.

Todavía existe otro significado de *presencia* que ocurre cuando traigo a la memoria o evoco imágenes de personas que fueron o son importantes en mi vida. Puedo imaginar a estas personas y los efectos que tenían o tienen en este momento sobre mí; este tipo de presencia psicológica en mi conciencia puede moverme mínima o totalmente. Con frecuencia, la imagen de Jesús que modelo en mi mente al leer los evangelios, funciona como una presencia psicológica.

También hay que recordar que el uso general de la palabra *presencia* no se ha referido siempre y solamente al terreno psicológico, sino que se extiende hacia terrenos más amplios del conocimiento y de la realidad. Por ejemplo, a partir de la ciencia, creo en la estructura atómica fundamental de todas las cosas físicas, una realidad que permanece "presente" ante mí como el principio básico de la vida. Aunque no me relacione con ella, no la sienta; y sólo pueda imaginarla remotamente; se convierte en una presencia de principios. Esto ocurre en razón de la manera en que observo la realidad como un todo; reconozco el hecho, pero no me provoca ninguna emoción personal. Por otro lado, una variante del uso de *presencia* puede ser aquella de un principio que conozco y que ejerce una presión sensible sobre mí. Por ejemplo, la gravitación es un principio fundamental que siento muy directamente en ciertas circunstancias de mi vida, como cuando me deslizo sobre la nieve. Este es un principio activo de presencia.

Todos estos significados diferentes necesitan tenerse en mente y explicarse cuando usamos la palabra *presencia* en ambientes religiosos y, más seguramente, cuando hablamos de la presencia de Jesucristo en los sacramentos, en la Biblia, y en otros tantos lugares. En realidad, desde los mismos comienzos, los seguidores de Jesús —después de la resurrección— intentaron expresar precisamente la forma en que la presencia de Jesús estaba "con ellos". Una explicación veía la presencia de Jesús "en el Espíritu", como un poder creativo desde dentro del individuo, o como un cuerpo colectivo. "Porque el Señor es Espíritu" (2 Corintios 3:17) transmite una comprensión de algo parecido a una presencia psicológica activa que sostiene un poderoso dominio sobre nosotros. Otro modo de describir la presencia de Cristo fue bajo unos términos más reflexivos, como un "principio permanente" siempre al alcance de la mano. "¿No saben que sus cuerpos son miembros de Cristo?" (1 Corintios 6:15). Este tipo de presencia en términos de corporeidad, funcionó como un principio de presencia activa más que cualquier otro. Esta presencia sustenta nuestra misma realidad.

El relato evangélico de los dos viajeros en el camino de Emaús (ver Lucas 24:13–35) integra los distintos sentidos de la presencia de Jesús. En el curso de la narración, los viajeros logran reconocer a Jesús en las Escrituras, en el extranjero misterioso, en sus corazones, y finalmente en la fracción del pan.

> *"Cuando estaba sentado a la mesa con ellos, tomó el pan, lo bendijo, lo partió y lo dio a ellos. Entonces se les abrieron los ojos y lo reconocieron, pero Jesús desapareció de su lado. Y se dijeron uno a otro: ¿No ardía nuestro corazón mientras nos hablaba en el camino y nos explicaba las Escrituras?"*

> (Lucas 24:30–32)

Estas mismas distinciones acerca de la presencia surgen al comparar las diferentes imágenes de Cristo, exploradas en el último capítulo. La espiritualidad que adoró a Jesucristo como la Palabra Encarnada se relacionó y oró con Él, en gran medida como la presencia de un principio activo en todo el universo, que operaba en sus vidas. Jesús es el Logos, la Palabra que infunde y mantiene todas las cosas, incluyendo nuestra misma vida. Sin embargo, este Logos opera como un principio de realidad silencioso y penetrante, una presencia genuina que permea todas las cosas.

Un sentido muy diferente de presencia domina la imagen de Cristo como el novio divino del alma. Aquí la presencia de Jesús aparece como una presencia psicológica directa, consciente y personal, cuyas emociones son comunicadas directamente a nuestras emociones. Una presencia psicológica tan intensa, ejerce una influencia convincente sobre nosotros; nos referimos a esta presencia de Jesús como a una persona concreta que imaginamos.

Cuando el Concilio de Trento (1545–1563) afirmó una "presencia real" de Jesucristo en la Eucaristía, estaba afirmando un tipo de presencia más afín a la presencia de un principio activo, no a algo que fuera necesariamente consciente y psicológico. El *CIC* enfatiza este punto.

> Esta presencia se denomina 'real', no a título exclusivo, como si las otras presencias no fuesen 'reales', sino por excelencia, porque es substancial, y por ella Cristo, Dios y hombre, se hace totalmente presente.
>
> (*CIC*, 1374)

La realidad más profunda y el significado de "la acción" del pan y el vino eucarísticos, confiesa la realidad medular de Jesucristo como alguien siempre presente en la Eucaristía, sea que lo percibamos o no de manera consciente. La gracia del sacramento viene al creyente, aún cuando la "presencia consciente" de Cristo, pueda parecer ausente.

Por supuesto que la recepción más plena de la Eucaristía conduce a los otros significados de *presencia* a su pleno cumplimiento. En este caso, el poder activo de la fe de la persona ayudará a que los otros sentidos del término construyan el principio de la presencia básica, entendida como un principio activo. Ésta no sería solamente una realidad fundamentalmente creída en la fe, también sería una presencia psicológica que nos recuerda directamente a Jesús de Nazaret, conocido por la memoria y la imaginación. Nos ofrece una presencia imaginada tan viva, que se convierte en una presencia personal y consciente de Jesucristo para nosotros y para toda la comunidad eucarística. Aquí es donde yace el sentido más pleno y más denso de la "comunión" con Jesucristo en la Eucaristía.

> La comunión con Jesucristo, por su propia dinámica, impulsa al discípulo a unirse con todo aquello con lo que el propio Jesucristo estaba profundamente unido: con Dios, su Padre, que le había enviado al mundo y con el Espíritu Santo, que le impulsaba a la misión; con la Iglesia, su cuerpo, por la cual se entregó; con los hombres, sus hermanos, cuya suerte quiso compartir.
>
> (*DGC*, 81)

En el curso de la historia, la presencia de Jesucristo entre sus seguidores ha permanecido como una de las piezas fundamentales de la cristología católica. La conciencia de la presencia de Cristo en la Eucaristía ofrece el modelo para una asimilación básica de la presencia sacramental general de Cristo en el Bautismo, la Confirmación, el Matrimonio y otras tantas. Cada sacramento posee el mismo principio de presencia de Cristo en la Eucaristía. Esta realidad de Cristo perdura en el sacramento simplemente en razón de la promesa divina, aun cuando el individuo la experimente o no de forma consciente. Sin embargo, la fe viva y activa de los creyentes, puede convertir esta presencia en una presencia más personal e inmediata, y en una presencia transformadora que esté avivada por la imagen de Jesús, conocida a partir de los evangelios. Éste deberá ser el objetivo de una buena celebración sacramental, de la predicación y de la catequesis efectiva. Por ejemplo, el sacramento del Bautismo, deberá ser una verdadera unión de nuestras vidas con el misterio de Jesucristo y con los misterios de su propia vida. De manera similar, el sacramento de la Reconciliación deberá ser un encuentro con la presencia del Jesús misericordioso, conocido como aquél que perdona a los pecadores. Todos los sacramentos deberán alentar una experiencia múltiple de la presencia de Cristo.

La presencia de Cristo en la oración

En la oración ocurre una presencia importante de Jesucristo en la vida de muchos creyentes. Cuando los cristianos buscan un contacto directo y personal con Dios o con Cristo, muchos logran descubrir una presencia divina que los transforma muy profundamente. Así como se habla de la presencia de Cristo en el sacramento, la presencia de Cristo en la oración, es un ejemplo sobresaliente del cuidado y el apoyo de Cristo en la vida de los discípulos actuales.

Jesús se convierte en un líder verdadero y guía de oración por el ejemplo de su propia vida. La tradición cristiana sobre la oración se dirige a la oración de Jesús, a fin de alcanzar una expresión más clara. La vida de oración de Jesús era algo único y concreto y nos ofrece el fundamento para toda oración cristiana; continúa siendo el punto de partida al cual debemos regresar continuamente. La carta a los Hebreos confiesa a Jesús como el "autor y perfeccionador de la fe" (12:2), y no existe nada más seguro que el ejemplo de Jesús sobre la oración. "Que Jesús oró es uno de los aspectos más bien documentados del Jesús histórico" *(Jesus Christ, Word of the Father*, p.131). Aunque ciertamente nos enseñó algo profundo sobre la oración, conocer la manera como Jesús oró, puede ayudarnos a entrar en contacto con su poderosa presencia psicológica en nuestra oración, una presencia personal muy consciente que nos alienta, sostiene y hace avanzar.

> Es útil redescubrir hoy la oración cristiana, en la contemplación de la imagen de Jesús en oración. Este es un lado fascinante de la personalidad de Jesús, que ha creado una auténtica tradición milenaria de espiritualidad cristiana y de santidad, que está esperando ser redescubierta y vivida por muchos de

nosotros. La originalidad de Jesús en este campo ha sido comprendida aún por los no cristianos, quienes ven en él, no solamente a un judío devoto, sino antes que todo, a un maestro insuperable de vida espiritual y de intimidad con Dios.

(Jesus Christ, Word of the Father, p. 131).

Otros dos puntos preliminares necesitan quedar en claro. Primero, la noción básica de oración que usaron los escritores del Nuevo Testamento, posee un horizonte más amplio de lo que muchos cristianos podrían creer. Es muy frecuente, que las personas piensen que la oración es una recitación de un conjunto de formulas de oración, compuestas de manera tradicional, como el Padrenuestro, o el Avemaría, o que se trate de posturas específicas, como arrodillarse. Éstas son formas válidas de oración, pero la realidad básica de la oración incluye mucho más. El acto de "orar" describe cualquier muestra de atención básicamente consciente, dirigida hacia la realidad de Dios y hacia la relación entre Dios y nosotros. Así, cada vez que pongamos atención conscientemente a Dios y a la calidad del vínculo entre nosotros y Él, estamos orando. Pueden existir diferentes tipos y calidades de atención directa –gozosa, airada, aprehensiva– y pueden prolongarse durante un minuto o una hora. Pueden tener lugar en una iglesia, en una oficina o en el auto. Lo que verdaderamente importa es el centro de nuestra atención; ¡Siempre que nos dirigimos a Dios es oración!

Un segundo punto preliminar nos invita a recordar que el Jesús humano nació y vivió toda su vida en una cultura judía sumamente religiosa. Sus padres le habrían enseñado las formas antiguas del pueblo de Israel. Jesús oró a la manera de los judíos del primer siglo y fue heredero de una tradición religiosa, ricamente saturada de formas diferentes de oración. Conocer el trasfondo de la oración judía puede ayudarnos enormemente. De esa manera se amplía la suma insignificante de material que conocemos a partir de los evangelios en un panorama mucho más amplio. Cuando exploramos el estilo y la profundidad de la oración de Jesús, casi podremos tocar su presencia imaginada, de ese modo se transformará poderosamente nuestra propia oración. Cuando oramos con Jesús, Él ora con nosotros. Su presencia nos fortalece y se convierte en el camino a través del cual, la gracia real y la fuerza de Dios, entran fuertemente en nuestra vida de fe.

EN LA VIDA DIARIA Y EN EL TRABAJO

Podría resultar sorprendente darnos cuenta que el ambiente primario en el cual Jesús habría orado fue el de la rutina diaria de su vida y su trabajo. La oración que más marcaba al judío devoto era (y es) la oración del *Shemá,* la expresión fundamental de la fe judía: "Escucha Israel, el Señor es nuestro Dios, el Señor es uno. Amarás al Señor tu Dios con todo tu corazón, con toda tu alma y con todas tus fuerzas" (Deuteronomio 6:4–5). El judío practicante tenía la responsabilidad de orar con esta oración al menos tres veces al día –en la mañana, en la tarde y al anochecer– donde quiera que estuviera (en casa, en el mercado o en el campo), e hiciera lo que hiciera (trabajo, descanso o recreo con sus amigos). El *Shemá* traía a la mente y expresaba la realidad del Dios de Israel y la relación entre Dios e Israel, y entre Dios y el creyente concreto.

Después del *Shemá*, un judío piadoso añadía otros dos tipos de oración diaria. Uno eran las *Berakot*, bendiciones o alabanzas a Dios, por su grandeza y sus acciones. Una *berakah* era esencialmente una alabanza de la bondad de Dios, en algún aspecto de la vida humana. "Bendito seas tú, Señor Dios nuestro, Rey del universo, que haces brotar el pan de la tierra". El segundo tipo de oración diaria era llamada los *Tefillot*, oraciones en que imploraban a Dios por sus propias necesidades. "Bendice este año para nosotros, oh Señor Dios nuestro, y que todos sus variados productos sean buenos para nosotros, danos rocío y lluvia, como una bendición sobre la superficie de la tierra".

Después de la recitación del *Shemá*, de acuerdo a las circunstancias de su vida, el creyente añadiría otras *Berakot* y *Tefillot*. Esas oraciones no eran muy largas, pero se recitaban regularmente, creando una estructura para la jornada diaria de la persona, tres veces al día, todos los días, se unía un creyente con Dios. La oración diaria de Jesús sería algo semejante.

Otro tipo de oración judía muy común, similar a las anteriores, pero un poco más flexible en cuanto al estilo, sería la expresión espontánea de acción de gracias o de alabanza a Dios, que brotaba en un momento determinado. A lo largo del Evangelio Jesús demostró varias veces que utilizaba este tipo de oración

> *"Yo te alabo, Padre, Señor del cielo y de la tierra, porque has escondido estas cosas a los sabios y prudentes, y se las has dado a conocer a los sencillos."*
>
> (Mateo 11:25).

> *"Padre, te doy gracias, porque me has escuchado. Yo sé muy bien que me escuchas siempre; si hablo así es por los que están aquí, para que crean que tú me has enviado"*
>
> (Juan 11:41–42).

Este tipo de oración no era formal, pero se adaptaba a cada situación y circunstancia. Reconocía la conexión de Dios con todas las cosas que ocurrían en la vida de las personas.

Cuando los discípulos de Jesús le pidieron que los enseñara a orar, Jesús les ofreció una serie de oraciones en forma de expresiones breves: "Padre nuestro, que estás en el cielo, santificado sea tu nombre; venga tu reino; hágase tu voluntad" (Mateo 6:9–10). El Magníficat de María, refleja la misma estructura básica de una breve oración espontánea: "Mi alma glorifica al Señor, y mi espíritu se alegra en Dios mi salvador" (Lucas 1:46–47). Los cristianos deberán recitar estas hermosas oraciones tal como son, pero como palabras bíblicas, estas oraciones también deberán inspirarlos en ocasiones para que comiencen su propia expresión de alabanza, de acción de gracias, y de petición, a partir de los acontecimientos particulares de su vida. Al orar de esta manera, nos encontramos a nosotros mismos orando una vez más, a la manera de Jesús.

Los cristianos que desean unirse con Jesús en oración y que desean encontrarle, en la oración diaria, deberán usar el ritmo del día como una clave para recordar su conexión básica con Dios; deberán usarla para ser agradecidos, para alabar, para pedir, para estar vigilantes, y para recordar. Las oraciones diarias forman una estructura para santificar el tiempo de nuestra vida, día a día, acordándonos de Dios y de nuestra relación con Dios. También nos llevan a la presencia de Cristo, al identificarnos con Él y al orar como Él lo hizo. Muy probablemente esta rutina diaria y regular de oración cuidadosa, fue la que precisamente san Pablo tenía en mente, cuando escribió a los cristianos de Tesalónica: "Estén siempre alegres. Oren en todo momento. Den gracias por todo. . . ." (1 Tesalonicenses 5:16–18). Hacia el final del primer siglo, los cristianos habrían sustituido el *Shemá* por el Padrenuestro", como la oración que debía decirse tres veces al día.[1] Más aún, ésta pudo servir como una oración personal, diaria y regular para los cristianos, quienes añadirían sus propios ejemplos de alabanza y súplica.

EN LOS LUGARES OFICIALES DE ADORACIÓN

Jesús habría orado regularmente en la sinagoga y en el templo de Jerusalén, los lugares públicos oficiales de oración para los judíos fieles y piadosos. En estos ambientes las oraciones tenderían a ser más tradicionales y fijas. Por ejemplo, ciertas oraciones rituales eran dichas en el ofrecimiento de los sacrificios en el templo. Muchos de los salmos provienen de tales oraciones rituales. Algunas oraciones eran dichas en el camino hacia el templo de Jerusalén; otras eran oraciones para ingresar al templo; otras más, eran oraciones de acción de gracias o peticiones de ayuda que acompañaban el ofrecimiento de los sacrificios que los sacerdotes hacían en el templo. La disposición y el temperamento de los salmos son múltiples; hablan de todos los aspectos, emociones y situaciones de la vida humana.

Jesús habría recitado los salmos de manera regular, y sus pasajes concretos, habrían sido parte de su manera regular de dirigirse a Dios, su Padre. Por ejemplo, sus palabras de angustia en la cruz, "Dios mío, Dios mío, ¿por qué me has abandonado? (Marcos 15:34), son las palabras de apertura del Salmo 22. Jesús probablemente habría aprendido algunos salmos de memoria para orarlos en las ocasiones oficiales, lo mismo que cuando estaba solo.

También los seguidores de Jesús estaban enraizados en la misma tradición de la oración judía que apreciaba los salmos. De hecho, los Padres de la Iglesia frecuentemente llamaron a los salmos, el libro de oración de la Iglesia cristiana primitiva. Cuando oramos con ellos, oramos como Jesús oró. Sus labios, oraron igual que los nuestros:

> *Yo te amo, Señor, mi fuerza.*
> *El Señor es mi roca, mi defensa y el que me*
> *libra;*
> *mi Dios, la peña en que me refugio y*
> *mi escudo, mi fuerza salvadora y mi*
> *fortaleza.*
> *Invoco al Señor, digno de alabanza,*
> *y él me salva de mis enemigos.*
> *Los lazos de la muerte me envolvían,*
> *me asustaban torrentes destructores;*
> *los lazos del abismo me apresaban,*
> *la muerte me tenía entre sus redes.*
> *En mi angustia clamé al Señor,*
> *grité a mi Dios pidiendo auxilio.*
> *El escuchó mi voz desde su templo,*
> *mi grito llegó hasta sus oídos.*
>
> (Salmo 18:1–7)

Al orar los salmos, aprendemos no solamente una correspondencia con las alegrías, esperanzas, penas y pérdidas de la vida humana y su relación con Dios, sino que también adquirimos un aprecio más profundo de las "oraciones oficiales" de la liturgia de la Iglesia y de los sacramentos. En las oraciones de la Misa y en los sacramentos encontramos oraciones fijas y compuestas, como las oraciones eucarísticas y otras, que acompañan las acciones de la consagración, la bendición, la unción y otras más.

El conocimiento del ambiente originario de los salmos, puede ayudarnos a apreciar estas oraciones como expresiones sinceras de nuestra vida en relación al misterio de Dios.

EN LO PRIVADO DE NUESTRO CORAZÓN

Hay que notar que en los evangelios Jesús frecuentemente ora a solas.

"Subió a la montaña para orar a solas".

(Mateo 14:23)

"Muy de madrugada, antes del amanecer, se levantó, salió, se fue a un lugar solitario y allí comenzó a orar".

(Marcos 1:35)

"Por aquellos días, Jesús se retiró a la montaña para orar y pasó la noche orando a Dios".

(Lucas 6:12)

Los evangelios también nos pintan a Jesús orando antes de los momentos y las ocasiones especiales de su vida; en su Bautismo (ver Lucas 3:21); antes de la Transfiguración (ver Lucas 9:28); antes del llamado de los discípulos (ver Lucas 6:12); orando por la fe de Pedro (ver Lucas 22:31–32). No sabemos exactamente cómo oraba Jesús en ninguno de estos momentos, pero los evangelios nos ofrecen una pista, indicándonos que su oración personal reflejaba el sentido de un contacto personal íntimo y profundo con Dios. Una insinuación sobre este contacto, proviene del uso del término familiar *Abba* (Padre) para dirigirse a Dios. Se ha escrito mucho acerca del significado y el uso de este término por parte de Jesús. Para nuestro propósito podríamos simplemente hacer notar que, al dirigirse al misterio de Dios en una forma tan personal y familiar, nos subraya la bondad de Dios, como un padre amoroso y como un padre de familia cariñoso.

El mismo lenguaje de Dios como Abba-Padre, acentúa también la profunda intimidad que podemos conseguir con Dios, a través de la oración. Esta forma de oración interior puede ser dialogal, en esa, nada se oculta, sino que se asemeja a la conversación propia de la amistad profunda. Por otro lado, esta intimidad puede encontrar expresión simplemente en un silencio pacífico y profundo, una gran quietud interior es en sí misma, una oración. La intimidad de la oración de Jesús con su Padre, se convierte en el punto de partida para el desarrollo posterior de la oración contemplativa en la tradición cristiana.

EN LA TENTACIÓN Y EL SUFRIMIENTO

Un ejemplo final de la oración de Jesús ocurre en el huerto de Getsemaní (ver Marcos 14:32–36). Muchos cristianos conocen esta oración bastante bien, una oración unida al temor del sufrimiento y la angustia. En el relato de Lucas la presencia de gotas de sangre muestra la intensa reacción física del cuerpo de Jesús ante la amenaza del dolor; del sufrimiento mental y espiritual que inundaba su cuerpo. En estos momentos la plenitud de la condición humana de Jesús se expresaba claramente por sí misma. Jesús no quería sufrir ni experimentar dolor, y ese deseo se convirtió en parte de su oración: "Padre, si quieres aleja de mi este cáliz de amargura; pero no se haga mi voluntad, sino la tuya" (Lucas 22:42).

La oración en el huerto de Getsemaní continúa en el relato de la pasión. Todas las cosas en los relatos de la pasión, se conectan de alguna manera al dolor; la humillación delante de Pilato, la burla de los soldados, la traición de un amigo cercano, la separación de los miembros de su amada familia, la flagelación, el camino a la cruz, la crucifixión, las horas de agonía, mientras su cuerpo estaba siendo desgarrado. Al final, probablemente en el momento más conmovedor del relato de la pasión, Jesús lanza el grito de desesperación, "Dios mío, Dios mío, ¿por qué me has abandonado?" (Marcos 15:34). Cuando su cuerpo era desgarrado por la crueldad humana, y cuando estaba amedrentado hasta la médula de su ser, Jesús supo que estaba a punto de morir. Gritó con palabras que combinaban a la vez la desesperación (el miedo a un vacío sin respuesta), con la oración (una confianza básica que lo conectaba con Dios).

Las oraciones de Jesús en Getsemaní y en la cruz, transmiten un solo mensaje para la espiritualidad cristiana, un mensaje que alcanza directamente el vínculo entre la oración y el sufrimiento en la vida de todos los creyentes: es totalmente justo querer evitar el sufrimiento. Es totalmente justo temer una cirugía próxima; preocuparse acerca del tratamiento médico, y estar ansioso por un viaje ordinario a un dentista. Podemos llevar esta visión un paso adelante y afirmar que la aceptación del sufrimiento es una parte de nuestra humanidad y un camino de salvación que toca la parte más profunda de la espiritualidad cristiana. Al aceptar en el sufrimiento el peso de nuestra humanidad creada, se manifiesta que el misterio mismo de la humanidad es casi tan impenetrable como el misterio de Dios.

La oración fluye como el nervio verdadero de una sólida vida espiritual, es una atención que nos prepara para escuchar, lo mismo que para comunicarnos abiertamente con el misterio de Dios. Además, la práctica de la oración, de acuerdo con el ejemplo de Jesús, puede ser un momento especial que nos lleve a experimentar la misma presencia real de Cristo en nuestra vida.

NOTAS

1   Staintforth, Maxwell, trans. *"Didache", in Early Christian Writings*, (London: Penguin Books, 1968):231.

RESUMEN

Los cristianos creemos que la presencia poderosa, amorosa y solidaria de Jesucristo permanece siempre en su vida. Está presente en el pan y el vino eucarístico, en las palabras de la Biblia, en la persona ministerial del sacerdote, y en toda la asamblea. Otras formas privilegiadas de experimentar la presencia de Cristo se realizan en la oración, y particularmente cuando oramos como Jesús lo hizo. Jesús oró en su vida diaria, en los momentos especiales de adoración, en lo íntimo de su corazón, y aun en los momentos de sufrimiento. Al unir nuestra oración a la suya, podemos llegar a descubrir su presencia de una forma única.

Para reflexionar

1. ¿De qué manera las diferentes presencias de Cristo en la Eucaristía podrían explicarse y relacionarse mejor unas con otras?

2. Usa un ejemplo de tu propia vida para ilustrar la manera en que tu oración se aproxima a la oración de Jesús.

Capítulo 7

Jesucristo, Señor del futuro

E n la segunda mitad del siglo XX la enseñanza de la Cristología enfrentó un ambiente nuevo y difícil, que ofreció desafíos especiales. La Iglesia Católica debía interactuar positivamente con una variedad increíble de visiones religiosas en la sociedad moderna. Un determinado ambiente social ha impulsado y casi forzado a la Iglesia Católica a adoptar una nueva actitud hacia las religiones no cristianas.

El diálogo con otras religiones

Esta nueva actitud comenzó oficialmente con el Concilio Vaticano II, cuando los obispos de los países desarrollados acentuaron la necesidad de reevaluar la actitud de la Iglesia, tradicionalmente negativa hacia las otras religiones mundiales. En respuesta a sus inquietudes, *Nostra aetate (NA)* (Declaración sobre las relaciones de la Iglesia con las religiones no cristianas), afirmó claramente y sin ambigüedad, "la Iglesia católica no rechaza nada de lo que en estas religiones hay de santo y verdadero. Considera con sincero respeto los modos de obrar y vivir, los preceptos y doctrinas que, por más que discrepen en mucho de lo que ella profesa y enseña, no pocas veces reflejan un destello de aquella verdad que ilumina a todos los hombres". (2)

Con esta declaración la Iglesia Católica inició una nueva apreciación de los valores positivos dentro de otras religiones mandiales y reconoció que, poseen algunas enseñanzas genuinas acerca de Dios y de su plan. Esta nueva actitud oficial también dio comienzo a una época de diálogo interconfesional encaminado a una mejor comprensión de las religiones mundiales y a alimentar la posibilidad de acciones comunes, a favor de los grandes problemas de la sociedad.

La nueva actitud de diálogo con las otras religiones mundiales, aún está en proceso de consolidación, suscita un conjunto nuevo de preguntas acerca de la presentación de Jesucristo como Hijo de Dios, Salvador y revelador del plan de Dios. Estas cuestiones surgieron más claramente en el contexto del diálogo interreligioso, iniciado después del Concilio Vaticano II. En la época anterior a éste, tales asuntos eran escasamente atendidos por los católicos. Solamente había un salvador, Jesucristo; solo una verdad religiosa, la católica; y no había salvación en otras religiones. La declaración bíblica que afirma: "Nadie más que Él puede salvarnos, pues sólo a través de Él nos concede Dios a los hombres la salvación sobre la tierra" (Hechos 4:12) era afirmada de manera tan absoluta que, la mayoría de los católicos la creían. La enseñanza religiosa acerca de Jesucristo podría, por tanto, establecerse sin hacer ninguna otra consideración.

> El concilio reconoció abiertamente la presencia de valores positivos no sólo en la vida religiosa de cada uno de los creyentes de las otras tradiciones religiosas, sino también en las mismas tradiciones religiosas a las que pertenecen. Atribuyó estos valores a la presencia activa de Dios mismo a través de su palabra, así como a la acción universal del Espíritu: El Espíritu Santo—afirma *Ad gentes*— obraba ya, sin duda, en el mundo antes de que Cristo fuera glorificado. Partiendo, pues, de todo esto, es posible apreciar cómo estos elementos. . . han desempeñado y siguen desempeñando aún un papel providencial en la economía única de la salvación. Y la Iglesia, al reconocerlo, se siente impulsada a estar en "diálogo y colaboración"
>
> (Consejo Pontificio para el Diálogo Interreligioso, "Diálogo y anuncio", 17).

Este documento reconoce que la salvación y la revelación están verdaderamente presentes en otras religiones y que los católicos necesitan respetar este reconocimiento. En consecuencia, surge una cuestión posterior: ¿De qué manera estos elementos de salvación se conectaron con la salvación efectiva en Jesucristo, en tanto que esos elementos salvíficos, normalmente no poseen ninguna conexión directa con el Jesús de Nazaret histórico? ¿De qué manera podrían conectarse con Jesús como el Logos, el Hijo y la Palabra de Dios? La Iglesia

Católica aún se esfuerza por resolver satisfactoriamente estas cuestiones. Sin embargo, aunque tal resolución se consiga, no negará el primado último de la salvación de Jesucristo, porque *Nostra aetate* proclamó: "Anuncia y proclama la obligación de anunciar constantemente a Cristo, que es "el camino, la verdad y la vida" (Juan 14:6) en quien los hombres encuentran la plenitud de la vida religiosa y en quien Dios reconcilió consigo todas las cosas" (2 Corintios 5:18–19) (2).

Por tanto, la Iglesia y todos sus maestros deben proclamar a Jesucristo como el salvador del mundo, pero esta proclamación debe hacerse en una manera que respete genuinamente, las adquisiciones religiosas de otras religiones y de otros fundadores. Un ejemplo a este respecto ocurrió en la declaración conjunta budista–católica en 1995, que reconoció las diferencias y las semejanzas entre Buda y Jesucristo.

> Buda es un ser humano iluminado que nos manifiesta la perfección del budismo (desinterés perfecto manifestado como pureza, compasión y sabiduría) y que da a las personas la esperanza de que puedan alcanzar este ideal. La budaicidad que puede conseguirse, es una condición positiva de la plenitud y la libertad humana, caracterizadas por la bondad amorosa, la compasión, la alegría compasiva y la ecuanimidad de afinidad, a fin que uno pueda vivir plenamente para el bien de los demás. . . . Para los cristianos, Jesucristo es la manifestación de la voluntad salvadora de Dios, la Encarnación de la Segunda Persona de la Santísima Trinidad, que ha traído la salvación al mundo para toda la humanidad de una vez por todas. En la muerte y resurrección de Jesús se revela también el amor infinito y la misericordia de Dios que es la fuente de salvación.
>
> (Consejo Pontificio para el Diálogo Interreligioso,
> "Buda y Cristo", sección 4)

Una vez más, ¿cómo reconcilia un católico la creencia que a otros pueblos se ha ofrecido la posibilidad de salvación, a través de sus propias tradiciones religiosas y a la vez proclama una salvación que viene primariamente por medio de Jesucristo? Aunque todavía no se ha conseguido una solución común en la práctica, ni ha sido aceptada por el magisterio de la Iglesia, han sido identificadas distintas posiciones que deben evitarse. La primera de éstas presume que la fe en Jesucristo debe ser profesada y que, solo aquellos que "explícitamente" creen en Jesucristo, pueden ser salvados. En los últimos treinta años la enseñanza de la Iglesia ha reconocido el misterio de la unidad en la revelación de Dios en la historia:

> De este misterio de unidad se concluye que todos los hombres y mujeres que son salvados comparten, aunque de manera diferente, en el mismo misterio de salvación en Jesucristo por medio de su Espíritu. Los cristianos saben esto por medio de su fe, mientras que otros permanecen inadvertidos de que Jesucristo es la fuente de su salvación. El misterio de salvación los alcanza a ellos, en una manera conocida por Dios, por medio de la acción invisible del Espíritu de Cristo. Concretamente, este alcance se realiza en la práctica sincera de lo que es bueno en sus propias tradiciones religiosas y por el seguimiento de lo que dicta su conciencia, que los miembros de otras religiones responden positivamente a la invitación de Dios y reciben la salvación en Jesucristo, aun cuando no lo aceptan o reconocen como su salvador (cf. AG 3, 9, 11).
>
> (Consejo Pontificio para el Diálogo Interreligioso, "Diálogo y anuncio", 29).

Una segunda postura inaceptable profesa a Jesucristo sólo como una entre muchas figuras salvíficas iguales, tal declaración sostiene que no existe una real unicidad de Jesucristo. Desde esta perspectiva, todas las religiones son relativas, excepto para sus propios seguidores. Dicha posición no tiene lugar en la teología cristiana-católica. La salvación se realizó por Cristo y cubre a toda la humanidad y a toda la creación, aún cuando los cristianos actuales, no sepan decir exactamente cómo ocurre. Dicha actitud fue reconocida por el Concilio Vaticano II en una de sus declaraciones más famosas sobre este asunto.

> Esto vale no solamente para los cristianos, sino también para todos los hombres de buena voluntad, en cuyo corazón obra la gracia de modo invisible. Cristo murió por todos y la vocación suprema del hombre en realidad es una sola, es decir, la divina. En consecuencia, debemos creer que el Espíritu Santo ofrece a todos la posibilidad de que, *en la forma de sólo Dios conocida,* se asocien a este misterio pascual."
>
> (*Gauduim et spes,* 22, énfasis añadido).

Los católicos deben afirmar constantemente la unicidad de Cristo como salvador y acentuar la obligación de todos los creyentes de predicar a Jesucristo como salvador del mundo y de todos los pueblos. Sin embargo y al mismo tiempo, deberán reconocer los elementos positivos de salvación y revelación en otras religiones, a la vez que el significado de sus grandes figuras religiosas.

Con el crecimiento de la interacción religiosa en nuestro país y en el mundo, esta clase de cuestiones acerca de Jesucristo, seguramente se volverán cada vez más importantes en las discusiones con adolescentes y adultos. Los ministros de pastoral necesitarán combinar delicadamente ambos principios. Un método para lograrlo sería conectar la salvación con el tema siguiente: Jesucristo como el Señor del futuro.

Jesucristo, Señor del futuro

El primer documento escrito del Nuevo Testamento enfatiza que los primeros cristianos creían que Jesús resucitado regresaría pronto en la plenitud de su gloria. Pablo en su Primera carta a los tesalonicenses anunció a los creyentes que tenían que servir al Dios vivo y verdadero y esperar a su Hijo desde los cielos, a quien él resucito de la muerte, Jesús, quien nos rescata del castigo que viene (1:9–10).

De la misma manera, las últimas palabras del mismo Nuevo Testamento son un grito para que Jesús regrese rápidamente, "Dice el que da testimonio de todo esto: Sí, estoy a punto de llegar. ¡Amén! ¡Ven, Señor Jesús!" (Apocalipsis 22:20).

Para los primeros discípulos de Jesucristo, él no era solamente una figura del pasado y un poder en el presente; era también una esperanza para el futuro. En su segunda venida, Cristo completará todas las obras que hayan quedado incumplidas y conducirá todas las cosas a la consumación gloriosa en el misterio de Dios. "Y cuando le estén sometidas todas las cosas, entonces el mismo Hijo se someterá también al que le sometió todo, para que Dios sea todo en todas las cosas" (1 Corintios 15:28).

Sin embargo, Jesús se demoró y no regresó en el futuro cercano. Algunos creyentes de la primera y segunda generación de cristianos, comenzaron a ver la segunda venida solo en la lejana distancia, aun cuando continuaron sosteniendo su absoluta certeza.

> *"Sobre la venida de nuestro Señor Jesucristo y el momento de nuestra reunión con Él, les rogamos, hermanos, que no se alarmen por revelaciones, rumores o una supuesta carta nuestra donde se diga que el día del Señor es inminente. Que nadie los engañe, sea de la forma que sea, porque primero tiene que producirse la rebelión contra Dios y manifestarse el hombre maligno, el hijo de la perdición".*

(2 Tesalonicenses 2:1–3)

No obstante, esta futura venida permaneció como el momento en que todo será cumplido y realizado, conforme al propio tiempo de Dios. Era simplemente que, por la dimensión misma del tiempo, la Iglesia necesitaba vivir en perspectiva de largo plazo y tomar su lugar en la historia del mundo.

La creencia en el regreso de Jesús (*parousia* en griego) rápidamente se convirtió en un punto de acuerdo, para muchas otras creencias relacionadas, que se articularon entre los primeros cristianos. Estas otras creencias incluían a la resurrección de todos los muertos; el establecimiento de la paz y la justicia en "el día del Señor"; el fin del mundo; y la creencia en el juicio final que sentenciaría a todos, los vivos y los muertos, a un estado de bienaventuranza interminable (cielo) o de castigo (infierno). Los cristianos comenzaron a ver estos sucesos como un acontecimiento cercano en el tiempo y en conexión con la futura venida de Cristo. Gradualmente, esto integró la visión de las "postrimerías" o de "los tiempos finales"; se convirtió en una parte permanente de las creencias y esperanzas de los primeros cristianos. Finalmente, entraría en el Credo como un dogma básico de la fe cristiana: "y de nuevo vendrá con gloria para juzgar a vivos y muertos". Los cristianos mirarán a Jesús como el Señor del futuro, el único que conducirá todas las cosas a su propio cumplimiento, su vida personal y el universo como un todo.

Uno de los aspectos más importantes de esta futura venida será el de la función de Jesús como juez del tiempo, de la historia y de los seres humanos. Jesús y el juicio se convierten en algo estrechamente unido, culminando así una larga historia de "pensamiento sobre el juicio" en la tradición judía y cristiana. El juicio de Dios en el día de Yavé tiene sus raíces en la tradición profética de Israel. Amós, Isaías, Ezequiel y Joel previeron un tiempo especial cuando Dios intervendría en la historia, para juzgar a Israel y a todos los pueblos.

> *"Próximo está el gran día del Señor,*
> *está próximo y se acerca rápidamente.*
> *Habrá clamores amargos en el día del Señor,*
> *y hasta el valiente pedirá auxilio.*
> *Día de ira será aquél,*
> *día de angustia y de desgracia".*
>
> (Sofonías 1:14–15).

Este juicio realizaría plenamente la alianza, establecería el juicio entre los pueblos, castigaría a los culpables, y salvaría al resto fiel. Más tarde, en la profecía de Daniel, el juicio de Dios varió del terreno de la historia presente, a "los tiempos finales".

No obstante, existiría un juicio o castigo y, para los fieles, salvación más allá de la tumba. "Muchos de los que duermen en el polvo de la tierra se despertarán, unos para la vida eterna, otros para la vergüenza, para el castigo eterno" (Daniel 12:2).

Todos estos temas acerca del juicio aparecen en la enseñanza de Jesús. El Reino de Dios que proclamó incluirá un juicio divino para todos los grupos e individuos. No somos libres de tomarlo o dejarlo; todas las personas algún día tendrán que responder. La gran escena del juicio en el Evangelio de San Mateo (ver 25: 31–46) relata que todos los seres humanos serán juzgados por la bondad, misericordia, justicia y amor que hayan mostrado a sus prójimos, los seres humanos. "Y el rey les responderá: 'Les aseguro que cuando lo hicieron con uno de estos mis hermanos más pequeños, conmigo lo hicieron'" (25:40).

Esto es así de simple, todo lo demás es de poca importancia. Los primeros cristianos trasmitieron esta creencia en un juicio futuro por mediación de Jesucristo, como una afirmación clara e inequívoca de su fe. "Ya que todos nosotros hemos de comparecer ante el tribunal de Cristo, para que cada uno reciba el premio o el castigo que le corresponda por lo que hizo durante su existencia corporal" (2 Corintios 5:10).

Una aclaración que añadían era muy importante; decía que el criterio con el cual Dios juzgaría la vida humana se reflejaba en la vida de Jesús, particularmente en su fidelidad total que lo condujo a la muerte. El juicio se decide por la manera en que las personas sigan el ejemplo de Jesús. Este punto condujo en seguida a la convicción de la abrumadora misericordia de Dios, reflejada en la gran misericordia que el mismo Jesús, mostró a tanta gente. Los discípulos tenían que hacer su mejor esfuerzo y a la vez, nunca tendría que fallar su esperanza en la abrumadora misericordia de Dios.

> Cristo es el Señor de la vida eterna. El pleno derecho de juzgar definitivamente las obras y los corazones de los hombres pertenece a Cristo como Redentor del mundo. "Adquirió" este derecho por su Cruz. El Padre también ha engendrado "todo juicio al Hijo" (Juan 5:22). Pues bien, el Hijo no ha venido para

juzgar sino para salvar y para dar la vida que hay en Él. (*CIC*, 679).

La creencia en el valor de la vida humana de Jesús se convirtió en la base para la creencia cristiana en el valor de la vida humana de cada persona. Lo que podamos conseguir ahora por nuestra vida "en Cristo", nos beneficiará para siempre.

> Los cristianos . . . deben creer en la continuidad fundamental, gracias al poder del Espíritu Santo, entre nuestra vida presente en Cristo y la vida futura [la caridad es la ley del Reino de Dios y nuestra caridad en la tierra será la medida de nuestra participación en la gloria de Dios en el cielo].
>
> (Congregación para la doctrina de la fe, "Carta sobre algunas cuestiones relacionadas a la escatología", 6).

Esta convicción sobre el valor incondicional de una "vida vivida" a la vista de Dios clarifica la posición que la fe cristiana asume contra la reencarnación. La norma por la cual deberemos ser juzgados es el ejemplo de la vida de Jesús. Cada uno tendrá que dar cuenta de su actos, de acuerdo al ejemplo de Jesús. De esta manera, siempre alimentaremos una gran esperanza en la misericordia de Cristo. Quizás ahora podemos relacionar un asunto tratado anteriormente: la salvación mediada por Jesucristo y la salvación mediada por otras tradiciones religiosas. Quizás, sólo en la consumación final quedarán resueltas nuestras cuestiones acerca de la relación entre Cristo y otras religiones. Para el presente, el desafío para los cristianos católicos es respetar y apreciar a otras tradiciones religiosas, aun cuando continuemos afirmando nuestra propia convicción de que, Jesucristo es el salvador definitivo de toda la creación y la humanidad y el objetivo hacia el cual nos dirigimos.

Resumen

La situación nueva de una sociedad de muy variadas visiones religiosas ha creado desafíos nuevos para la fe católica. El Concilio Vaticano II ha dado las directrices que los católicos deberán conocer, para apreciar la visión espiritual de las otras religiones mundiales. Esto exige proclamar a Jesucristo como el salvador del mundo, y a la vez, reconocer la visión positiva y salvadora de otras tradiciones religiosas. Una forma de hacerlo es considerar a Jesucristo como el Señor de la historia y como el Señor del futuro. Al final de los tiempos, Jesús revelará exactamente cómo todas las cosas apuntaban hacia Él, nuestra máxima plenitud.

Para reflexionar

1 ¿Cuáles son algunas de las visiones religiosas que son parte real y dinámica de la cosmovisión de la gente actual? ¿Cuáles son algunas de las perspectivas positivas de la salvación que estas religiones ofrecen?

2 ¿Cuáles son las normas de juicio que las personas actuales ven en su imagen de Cristo? ¿De qué manera éstas se correlacionan con las normas del Evangelio?

Conclusión

Juan Pablo II indicó firmemente que la cercanía del año 2000 ofrecería a los cristianos una oportunidad excelente para renovar y enriquecer su fe en Jesucristo. Para los cristianos, Jesús permanece como el comienzo, centro y fin de su fe. En palabras que recapitulan sucintamente muchos de los temas descritos en este libro, el Papa afirma:

> La historia de la salvación tiene en Cristo su punto culminante y su significado supremo. En Él todos hemos recibido "gracia sobre gracia" (Jn 1:16) alcanzando la reconciliación con el Padre. (Cfr. Romanos 5:10; 2 Corintios 5:18). . . .El nacimiento de Jesús en Belén no es un hecho que se pueda relegar al pasado. En efecto, ante él se sitúa la historia humana entera: nuestro hoy y el futuro del mundo son iluminados por su presencia. Él es "el que vive" (Apocalipsis 1:18), "Aquél que es, que era y que va a venir" (Apocalipsis 1:4). Ante Él debe doblarse toda rodilla en los cielos, en la tierra y en los abismos, y toda lengua debe proclamar que Él es el Señor (cf. Filipenses 2:10–11). Al encontrar a Cristo, todo hombre descubre el misterio de su propia vida.
>
> (*Incarnationis mysterium*, 1)

La alegría y la gracia de conocer a Jesucristo incluye muchas cosas: el testimonio sobre la manera como ha sido conocido y creído por medio de la Biblia; la tradición de la Iglesia Católica, el dinamismo de una relación viva con Él en la oración y la adoración;

la esperanza que el será el cumplimiento de todas las esperanzas humanas y de la historia. Bajo esta perspectiva, la cristología se convierte verdaderamente en una gran aventura, que puede estimular e inspirar la vida de cada persona, indistintamente de su edad.

Abreviaturas

CIC   *Catecismo de la Iglesia católica*

DV   *Dei verbum (Constitución sobre la divina revelación)*

DGC   *Directorio General para la Catequesis*

GS   *Gaudium et spes (Constitución pastoral sobre la Iglesia en el mundo moderno)*

NA   *Nostra aetate (Declaración sobre las relaciones de la Iglesia con las religiones no cristianas).*

FC   *La Fe Cristiana*

CSC   *Cuestiones Selectas de Cristología*

TCA   *Teología Cristología Antropología*

MI   *Magisterio de la Iglesia*

Bibliografía

Pontificia Comisión Bíblica: "Sancta Mater Ecclesia". En Enchiridium Biblicum. Documenti della Chiesa sulla Sacra Scrittura, Bologna: ED 1993.

Boff, Leonardo. *Jesús el liberador.* Madrid: Cristiandad, 1981.

Brownn, Raymond. *El nacimiento del Mesías. Comentario a los relatos de la infancia.* Madrid: Cristiandad, 1982.

Bynum, Caroline Walker. *Jesus as Mother: Studies in the Spirituality of the High Middle Ages.* Berkeley: University of California Press, 1982.

Catecismo de la Iglesia Católica. Washington: United States Conference of Catholic Bishops, 1997.

Christopher, Joseph, ed., y trad. *The Raccolta.* New York: Benziger Brothers, Inc., 1952.

Concilio de Trento. "Decreto sobre la justificación". En *El Magisterio de la Iglesia,* ed. Enrique Denzinger, Barcelona: Herder, 1963.

Concilio Vaticano II. *Dei verbum (Constitución dogmática sobre la divina revelación).* En Concilio Vaticano II, Madrid: BAC, 1966.

——————, *Gaudium et spes (Constitución pastoral sobre la Iglesia en el mundo actual).* Concilio Vaticano II, Madrid: BAC, 1966

——————, *Nostra aetate* (Declaración sobre las relaciones de la Iglesia con las religiones no cristianas). En Concilio Vaticano II, Madrid: BAC, 1966.

Congregación para el Clero: *Directorio General para la Catequesis.* Washington, DC: United States Conference of Catholic Bishops, 1998.

Congregation for the Doctrine of the Faith. "Christ, the Trinity and Theology Today."

Origins 1 (March 1990): 666-667.

_____. *Instrucción sobre ciertos aspectos de la Teología de la Liberación*. México: Parroquial, 1984.

"Dialogue and Proclamation." *Origins* 21 (July 1991):125.

"Didache" En *Early Christian Writings,* trad. Maxwell Staniforth. London: Penguin Books, 1968.

Ignacio de Antioquia, "To the Ephesians". En *Early Christian Writings,* trans. Maxwell Staniforth. London: Penguin Books, 1968.

International Theological Commission. *Select Questions on Christology*. Washington, DC: United States Catholic Conference, 1980.

_____, *Theology, Christology Anthropology.* Wasghinton, DC: United States Catholic Conference, 1983.

"Joint Declaration on the Doctrine of Justification". *Origins* 28 (July 1998): 122

Misal Romano. Obra Nacional de la Buena Prensa, A.C. México: 2003.

Neuner, Josef, SJ, and Jacques Dupuis, SJ, eds. *The Christian Faith: Doctrinal Documents of the Catholic Church*. 5th ed. Staten Island, NY: Alba House, 1990.

O'Collins, Gerald. *Christology: A Biblical, Historical and Systematic Study of Jesus,* New York: Oxford University Press, 1995.

Pontifical Council for Interfaith Dialogue. "Buddha and Christ". *Origins* 25 (Sept. 1995): 223.

Papa Juan Pablo II. *Incarnationis mysterium* (El misterio de la Encarnación), 1999.

Papa Pablo VI. *Evangelii nuntiandi. Acerca de la evangelización del mundo contemporáneo.* México: Paulinas, 1976.

Saint Athanasius. "Against the Heathen". En *Nicene and Post-Nicene Fathers*. Vol. 4. Grand Rapids, MI: William B. Eerdmans Publishing Company, 1953.

—————, "On the Incarnation". En *Athanasius: Contra Gentes and De Incarnatione,* ed., and trans. Robert W. Thomson. Oxford: Clarendon Press, 1971.

San Agustín, *Confesiones.* Traducción Antonio Brambila. México: Paulinas, 1981.

San Justino mártir. "Apology". En *A New Eusebius: Documents Illustrative of the History of the Church to A.D. 337,* ed. J. Stevenson, London. Society for Promoting Christian Knowledge, 1993.

Shorter, Aylward. *Toward a Theology of Inculturation.* Maryknoll, NY: Orbis Books, 1988.

Stevenson, J., ed. *A New Eusebius: Documents Illustrative of the History of the Church to A.D. 337.* London: Society of Promoting Christian Knowledge, 1993.

Theological-Historical Commission for the Great Jubilee of the Year 2000. *Jesus Christ, Word of the Father.* New York: Crossroad Publishing Company, 1997.

Ward, Benedicta, trans. *The Prayers and Meditations of Saint Anselm.* New York: Penguin Books, 1973.

Reconocimientos

Las citas bíblicas corresponden a la *Biblia de América* © La Casa de la Biblia 1994 y © PPC, Sígueme y Verbo Divino. Textos impresos con los debidos permisos. Todos los derechos reservados.

Traducción castellana de el *Catecismo de la Iglesia católica para los Estados Unidos de América* Derechos reservados © 2003 United States Conference of Catholic Bishops, Inc. - Librería Editrice.

El extracto del *Directorio general para la catequesis.* Derechos reservados © 1997. United States Conference of Catholic Bishops, Inc. – Librería Editrice Vaticana. Texto impreso con los debidos permisos. Todos los derechos reservados.

La traducción castellana del Credo Niceno fue tomada del *Misal Romano,* Obra Nacional de la Buena Prensa, A.C. México: 2003. © Todos los derechos reservados.

La traducción castellana del himno "Sabat Mater" fue tomada del *Leccionario III,* p. 126. Derechos reservados © 2004. Obra Nacional de la Buena Prensa, A. C. México, 2004.

El extracto de "Contra los paganos" en *Nicen and Post-Nicene Fathers,* Series 2, vol. 4: Athanasius, ed. Philip SCAF and Henry Wace, © 1953, impreso con los debidos permisos de Eerdmans Publishing Company. Todos los derechos reservados. Traducción al español de Carlos E. Maciel.

El extracto de *El Nacimiento del Mesías. Un comentario a los relatos de la infancia.* © Cristiandad 1982.

El extracto de *The Christian Faith,* edited by J. Neuner, SJ and J. Dupuis, SJ © 1990 fue impreso con los debidos permisos de Alba House, a Division of the Society of. St. Paul, Staten Island, N. Y. Todos los derechos reservados. Traducción al español de Carlos E. Maciel.

Los extractos de los *Decretos de los Concilios Ecuménicos desde Nicea a Trento* fue tomada de *El Magisterio de la Iglesia.* Edición de Enrique Denzinger (Herder ©1963).

El extracto de *Jesus as Mother: Studies in the Spirituality of the High Middle Ages* by Carolin Walker Bynum ©1982 reimpreso con el permiso de The Regents of the University of California, University of California Press, Berkeley. Todos los derechos reservados.

Acerca del autor

El presbítero Matthias Neuman, O.S.B., es un monje y sacerdote de Saint Meinrad Archabbey, Saint Meinrad, Indiana. Obtuvo su S.T.L. y su S.T.D. en la Pontificia Universidad de San Anselmo en Roma. El Padre Matthias es catedrático adjunto en los programas teológicos en el centro de educación continua de Saint Meinrad, a la vez que se desempeña como capellán de las hermanas benedictinas de Ferdinand, Indiana. Es un conferencista muy popular que ha escrito más de 150 artículos periodísticos y reseñas que tratan sobre la espiritualidad, el ministerio, la teología y el monacato benedictino.

Javier Giiido